教 | 育 | 知 | 库

陪伴孩子幸福成长

珠海市香洲区第一小学 编著

光明日报出版社

图书在版编目（CIP）数据

陪伴孩子幸福成长 / 珠海市香洲区第一小学编著. --北京：光明日报出版社，2022.10
ISBN 978－7－5194－6625－1

Ⅰ.①陪⋯ Ⅱ.①珠⋯ Ⅲ.①小学生—家庭教育 Ⅳ.①G782

中国版本图书馆 CIP 数据核字（2022）第 092597 号

陪伴孩子幸福成长
PEIBAN HAIZI XINGFU CHENGZHANG

编　　著：珠海市香洲区第一小学	
责任编辑：郭玫君	责任校对：阮书平
封面设计：中联华文	责任印制：曹　净

出版发行：光明日报出版社
地　　址：北京市西城区永安路 106 号，100050
电　　话：010－63169890（咨询），010－63131930（邮购）
传　　真：010－63131930
网　　址：http://book.gmw.cn
E － mail：gmrbcbs@gmw.cn
法律顾问：北京市兰台律师事务所龚柳方律师
印　　刷：三河市华东印刷有限公司
装　　订：三河市华东印刷有限公司
本书如有破损、缺页、装订错误，请与本社联系调换，电话：010-63131930

开　　本：170mm×240mm	
字　　数：135 千字	印　　张：12.5
版　　次：2023 年 1 月第 1 版	印　　次：2023 年 1 月第 1 次印刷
书　　号：ISBN 978－7－5194－6625－1	

定　　价：68.00 元

版权所有　　翻印必究

序言：《陪伴孩子幸福成长》

张怀志

孩子进入小学读书，有几个关键的时间点：一年级、四年级、六年级。每到一个阶段，孩子都会面临学习内容、教育方式、环境、人际关系等一系列变化所带来的挑战，也因此会遭遇一系列的不适应，如果家长不能提供有效的指导和帮助，孩子对各年级的适应就会变得困难，并出现更多问题。

对家长而言，面对孩子进入各年级后角色发生的变化，家长要做什么，孩子要做什么，许多家长都感到焦虑而迷茫。给家长提供一本读物，让家长能了解各阶段孩子的需要、熟悉学校的实际情况，对孩子的成长能有更好的陪伴和指导，是我们出版《陪伴孩子幸福成长》一书的初衷。

本书由珠海市重点小学——香洲区第一小学的"陪伴孩子幸福成长"课题研究组的教师们精心撰写，他们将多年的教育教学实践和专业研究成果转化成一本家长看得懂、用得上的小学各年级家长实用指导手册。本书从家长的实际需求出发，针对幼小衔接如何让孩子快乐度过一年级、跨校区就读如何平稳进入四年级、毕业班如何顺利升入初中过程中出现的诸多问题进行了详细解读，囊括了各阶段年级家长关心的问题。

儿童教育是一项艰巨的任务。在这一过程中，学校和教师要付出大量的心血。父母更加如此，除了坚持不懈，倾注大量的爱，还需要和学校好好沟通，配合学校适时对孩子的学习生活加以引导。那么，作为家长，如何读懂孩子，如何弄清孩子的各种需求，又如何成功配合学校，最终扮演好父母的角色，让孩子在学校生活得更好呢？研读完这本书，您就会打开亲子沟通之门，给孩子更多的幸福感。

愿本书为那些困惑中的小学各年级教师、家长和孩子送去及时的帮助！

目 录
CONTENTS

第一章　七色花开——陪伴孩子快乐度过一年级 …………… **1**

第一节　爱上新学校，融入新环境 …… 彭馨仪　李梓萍　陈柯倩　1

第二节　做充分准备，轻松换角色 …… 李玉莲　李梓萍　陈柯倩　20

第三节　培养好习惯，适应一年级 …… 彭馨仪　李梓萍　陈柯倩　30

第四节　培养好行为，投入一年级 …… 张　萍　李梓萍　陈柯倩　37

第五节　筑牢安全线，共建平安校 …… 徐洲丽　李梓萍　陈柯倩　44

第六节　培养好习惯，开始一年级 …… 柳惠芬　李梓萍　陈柯倩　52

第七节　锻炼好身体，度过一年级 …… 吴琳琳　李梓萍　陈柯倩　62

第二章　七色花开——陪伴孩子平稳进入四年级 …………… **69**

第一节　度三年级，爬分水岭 …………………………… 梁　玥　69

第二节　承"低"启"中"，关注过渡 …………………… 倪越洋　72

第三节	了解自我，快乐成长	倪越洋	73
第四节	巧妙引导，主动学习	倪越洋	76
第五节	循序渐进，有章有法	华珊茵	80
第六节	听说有趣，读写有章	蔡卫光	84
第七节	家长助力，快乐学习	陈丽芬	92
第八节	爱上阅读，迈向优秀	吴琳琳	109
第九节	良好习惯态度，成就能力	黄爱民	121
第十节	独立善交，自信表达	华珊茵	127

第三章 七色花开——陪伴孩子顺利升入初中一年级 …… 138

第一节	悦纳孩子，用爱育人	曾 华	138
第二节	以身作则，行为子范	钟 静	147
第三节	关爱孩子，健康先行	徐宇菁	152
第四节	热爱生命，安全至上	陈丽芬	156
第五节	树立理想，规划人生	蔡卫光	163
第六节	重视方法，提高效率	黎 毅	167

第四章 七色花开——陪伴孩子幸福提升"劳动力"

……………………………………………… 张怀志 **174**

后记：夯实成长每一步 ……………………… 彭馨仪 **186**

第一章

七色花开——陪伴孩子快乐度过一年级

第一节 爱上新学校，融入新环境

彭馨仪 李梓萍 陈柯倩

欢迎加入珠海市香洲区第一小学大家庭。下面将从学校历史沿革、占地面积、师生配备、管理特色、办学理念、课程特色、教研概况和教育教学成果八方面介绍学校的概况。

一、学校历史沿革

珠海市香洲区第一小学，简称"香洲一小"，始建于1950年，原名为香洲小学，1973年易名为"香洲中心小学"，1980年定名为"香洲第一小学"，1982年被定为珠海市重点学校，1994年被评为市一级学校，1997年被评为广东省一级学校，是珠海市办学效益显著、教学质量过硬、学生全面发展的窗口式示范学校。

二、学校占地面积

香洲一小有两个校区：第一校区（一至三年级）在凤凰北路，紫荆中学旁边；第二校区（四至六年级）在乐园路。学校占地面积22188平方米，建筑面积17938平方米，教学设施完善。

三、学校师生配备

学校教育教学功能场室齐全，设施设备先进。学校现有凤凰路的低年级部（一、二、三年级）和乐园路的高年级部（四、五、六年级）两个校区，共有50个教学班，学生2600余人。专任教师130余人，教师队伍爱岗敬业、教书育人、勤奋进取。有正高级教师（特级教师）1人、省校长工作室主持人（市名校长）1人、市名教师3人、市、区名班主任4人、市区教师工作室主持人2人、区学科带头人6名，教师队伍代代传承的"五特精神"。（特别认真、特别负责、特别团结、特别进取、特别专业）成为了学校发展最强大持久的动力。

四、学校管理特色

学校领导班子沿着"师德为上、榜样示范、实践锻炼"的途径建立起"引导成才、锻炼成才、激励成才"的机制，充分调动了全体教师的积极性和创造性，打造了一支辛勤耕耘、敬业爱生、执教严谨、和谐奉献的教师队伍。学校以现代教育技术和体质健康教育为双翼，以教育科研为依托，以学校、家庭、社区为网络，构筑了功能强大的育人平台，营造了生动和谐的育人环境。办学形成了三个显著特色："全、实、新、活"的德育特色、信息化课堂教学特色和科技教育特色。"以师生发展为本"的素质教育理念在香洲一小得到了最好的诠释。

五、学校办学理念

在香洲区教育局的正确领导下，学校全面贯彻执行党的教育方针。以"让每个人成为最好的自己"为办学理念，坚持"德育为先，五育和谐发展"的办学传统，努力培养品学兼优、身心俱健，具有创造潜能的现代少年，为每一位孩子的幸福人生奠基。以"做最好的自己"为校训；以"尊师守纪，勤奋活泼"为校风；以"敬业爱生，严谨求实"为教风；以"勤奋好学，善思善问"为学风，稳中求进，干在实处，不断"强优势、育品牌"，打造教育内涵发展新生态，实现更高水平的教育现代化，在实现高位、稳健发展的历程上不断迈开坚实的步子。

六、学校课程特色

学校育人的核心载体是课程，学校理念的践行、育人目标的实现以及核心素养的落实都离不开课程建设。而构建起科学合理而富有校本特色的课程体系是落实核心素养的首要前提。为此，我校结合自己的办学理念，着力开展课程体系建设，构建了富有校本特色的"幸福课程"课程体系架构。

（一）五大素养，架构课程

根据"为每一位孩子的幸福人生奠基"的办学宗旨，努力培植课程的文化生态，全力建设"幸福人生素养课程"。将"五大素养"即"健康素养、科学素养、艺术素养、实践素养、人文素养"的培养融入学生的学习生活与成长之中。

（二）幸福课程，三级实施

我校幸福素养课程主要分为三级实施。

一级课程：基础学科类课程。各学科全面铺开，结合各学科特点，通过整合教学内容、调整教学方式实施。如语文学科在中高年级进行的主题阅读教学，数学、英语学科的智慧课堂，综合学科间整合。在综合学科的课程改革中，我们大胆尝试进行跨学科的整合，打破学科壁垒，以主题的形式串起各学科知识点，如我们将信息技术与地方课程中的环境教育、音乐与美术、体育与心理健康进行跨学科整合，取得了很好的教学效果。

二级课程：活动拓展类课程。围绕"五大素养"开设了"项目式"学习课程供学生选择。每周五两节课的"项目式"学习中，依照自己的兴趣结成课题学习小组开展活动。这些有营养、有味道的课程滋养了孩子们的幸福校园生活。

三级课程：是实践探究类课程。这类课程主要针对在实践创新方面有兴趣、有特长的学生。每个年级都有一个符合孩子年龄特点、兴趣特长的主题探究课程。孩子们在属于自己年级的主题探究群里，选择一个探究话题进行为期一周或一个月的实践探究，并在活动拓展时展示探究成果。

（三）拓展资源，个性发展

1. 资源共享，形成课程

为了满足学生多元发展的需求，学校充分利用大专院校、社会优质机构、教师、家长等课程资源，开发了"人文、健康、科学、艺术、实践"五大类校本选修课程，建立了校本"课程超市"，为学生提供更多的课程选择，让课程关注到每一位学生的发展，培养学生的核心素养。与此同时，我们还进行年级活动拓展课程平台的建设。课程实施时间为每周五下午，由学校统筹协调，有规划、有目标，注重年级之间的衔接。

2. 弘扬个性，发展特长

依托幸福素养课程，学校成立了"雏凤清音"儿童文学社、"少年科学院""七色花艺术团""阳光体育俱乐部"等课外兴趣活动社团，每年举办"七色花"智运会和"七色花"文化艺术节，孩子们的特长得到了培养，每个人都找到了自信，找到了快乐，学生参加各级各类的比赛硕果累累。

（四）"七彩评价"，特色彰显

"幸福人生素养课程"特别关注学生综合素质评价体系的建设，我校在课程评价体系中在"互联网+教育"方面做了有效有益的探索。

1. "互联网+"优化评价

2015—2016学年，我校正式与北师大珠海分校合作开发"七彩评价系统"。该系统根据《中国6~12岁儿童心理健康发展》，建立符合校情的儿童全面素养健康发展的评价量表和评优模型。评价系统利用微信公众服务号，提供我校学生幸福人生五大素养的追踪与分析反馈工具。以评价为导向，共同引领学生综合素质发展，及时发现学生成长过程的问题，采取有效手段，及时干预和纠正，建立全校每周之星和进步之星的排行榜。通过学生自己和自己的对比，吸引儿童积极主动参与，努力提升学生成长内驱力。"七彩评价系统"还为教师和家长建立了双边教育的平台。为了解决传统评价中的一些弊端，借助了互联网强大的收集、分析数据的功能，从学校、家庭、个人三个角度出发，力求做到对学生进行全方位的多元评价；同时发挥评价的正面引导与激励功能，促进学生"五大核心素养"的发展。

2. "七彩评价"促进成长

目前"七彩评价系统"已基本开发完毕，2016年9月正式上线使用一个学期以来，我校收集了大量的第一手数据资料。我校将加强"七彩评价系统"的使用，提高家长使用率。同时对之前收集到的数据资料进行汇总和分析，并结合使用中遇到的问题不断完善"七彩评价系统"。

学校教研概况："科研促教、科研兴校"是香洲一小可持续发展的动力之源。学校先后承担了全国科学教育第十个五年规划重点课题子课题《网络环境下语、数、英学科探究性学习研究》《科学课堂活动校本教材的研究》等多个国家、省级课题，取得了显著的实验效果，一系列的课题研究以及扎实有效的校本教研，开拓了教师的理论视野，带来了教育观念的更新以及教学方式、学习方式、师生互动方式的变革，大批教师参加国家、省、市、区教育部门组织的论文、课例、教学比赛并获奖。

教育教学成果：学校教育教学取得了令人瞩目的成果：连续十多年在香洲区办学行为办学效益评估中获一等奖，是珠海市教育教学改革的排头兵。先后被评为全国推普先进单位、全国少先队红旗中队、全国红领巾读书活动先进集体、全国优秀家长学校、全国（百所）示范"青少年法制学校"、广东省全民健身运动先进单位、广东省"小公民"道德建设（实践）基地、广东省心理健康教育示范学校、广东省现代教育技术实验学校、广东省巾帼文明示范岗、广东省体育特色（乒乓球）示范学校、广东省书香校园、广东省棋类特色学校、珠海市乒乓球、田径、游泳、击剑等体育传统项目学校，等等。

承前启后，继往开来。今后，香洲一小将与时俱进，进一步解放思想、振奋精神，发扬学校优势，牢牢把握"稳中求进、干在实处"的总基调，锐意进取，勇于创新，全面提高教育教学质量，努力实现"强优势、育品牌"的工作目标，打造高品质教育，办好高品牌学校，努力开创我校更加灿烂辉煌的明天，为教育强国做出自己应有的贡献。

香洲一小一校区教室分布图

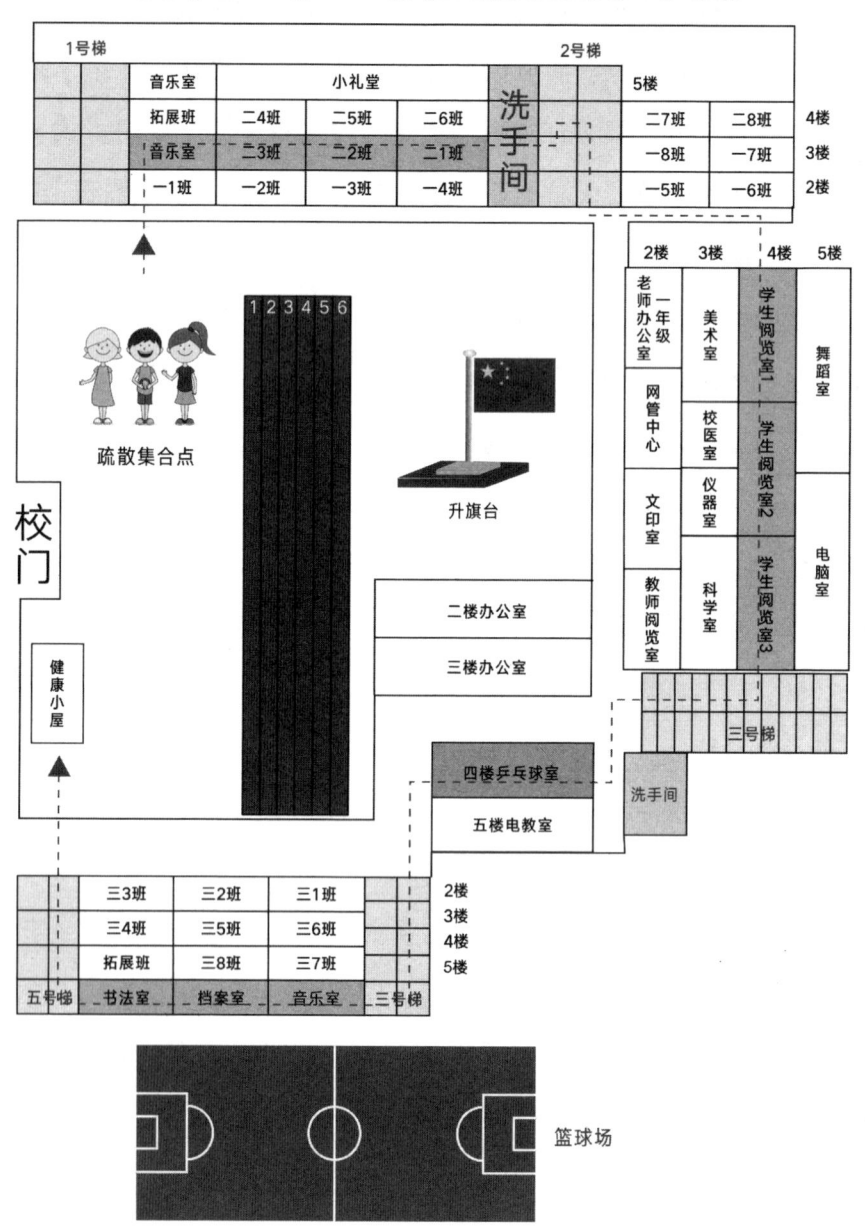

	1号梯				2号梯				
	音乐室		小礼堂		洗手间	5楼			
	拓展班	二4班	二5班	二6班		二7班	二8班	4楼	
	音乐室	二3班	二2班	二1班		一8班	一7班	3楼	
	一1班	一2班	一3班	一4班		一5班	一6班	2楼	

	2楼	3楼	4楼	5楼
	老师办公室	美术室	学生阅览室1	舞蹈室
	网管中心	校医室	学生阅览室2	电脑室
	文印室	仪器室	学生阅览室3	
	教师阅览室	科学室		

疏散集合点

升旗台

校门

健康小屋

二楼办公室

三楼办公室

四楼乒乓球室

五楼电教室

洗手间

三3班	三2班	三1班	2楼	
三4班	三5班	三6班	3楼	
拓展班	三8班	三7班	4楼	
			5楼	

| 五号梯 | 书法室 | 档案室 | 音乐室 | 三号梯 |

篮球场

<<< 第一章 七色花开——陪伴孩子快乐度过一年级

香洲一小二校区教室分布图

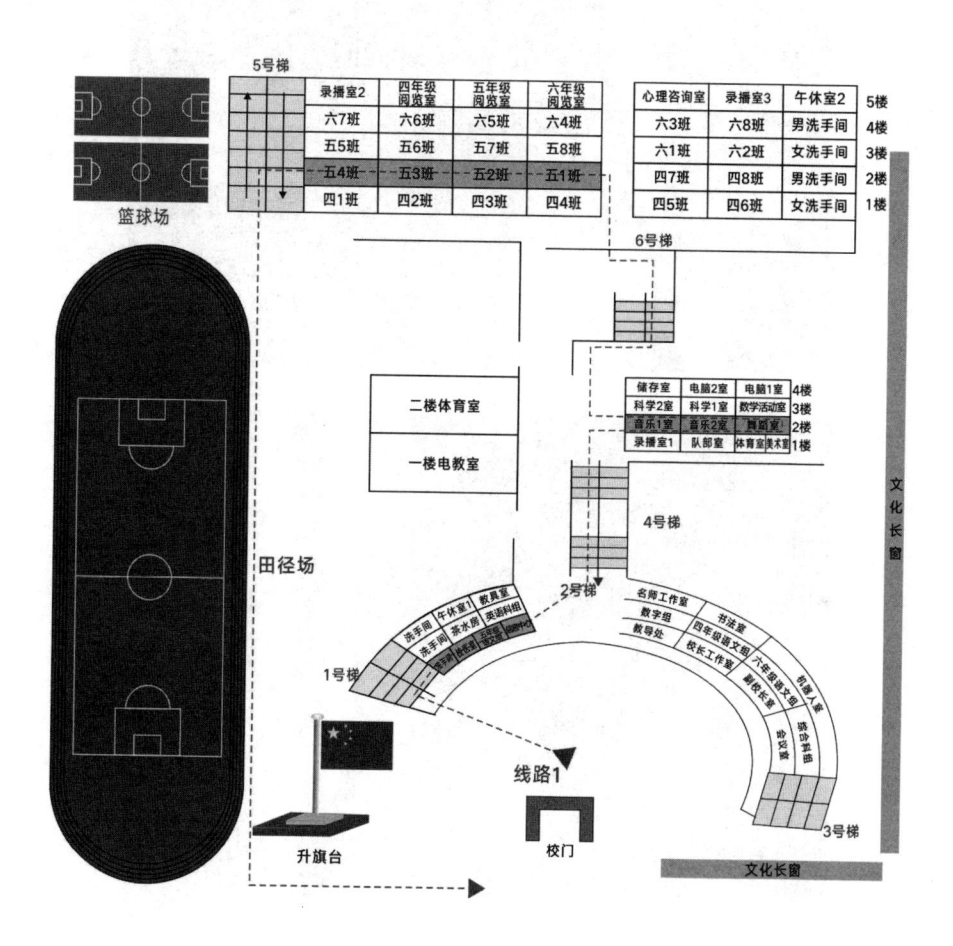

5号梯	录播室2	四年级阅览室	五年级阅览室	六年级阅览室		心理咨询室	录播室3	午休室2	5楼
	六7班	六6班	六5班	六4班		六3班	六8班	男洗手间	4楼
	五5班	五6班	五7班	五8班		六1班	六2班	女洗手间	3楼
	五4班	五3班	五2班	五1班		四7班	四8班	男洗手间	2楼
	四1班	四2班	四3班	四4班		四5班	四6班	女洗手间	1楼

篮球场

6号梯

二楼体育室

储存室	电脑2室	电脑1室	4楼
科学2室	科学1室	数学活动室	3楼
音乐1室	音乐2室	舞蹈室	2楼
录播室1	队部室	体育室 美术室	1楼

一楼电教室

田径场

4号梯

2号梯

| 洗手间 | 午休室 | 教具室 |
| 洗手间 | 茶水房 | 英语科组 |

1号梯

名师工作室		
数学组	书法室	
	四年级语文组	
教导处	校长工作室	六年级语文组
	副校长室	书记室
	会议室	党员活动室

3号梯

文化长窗

升旗台

线路1

校门

文化长窗

9

陪伴孩子幸福成长 >>>

地震演练好逼真

第一章 七色花开——陪伴孩子快乐度过一年级

在社团活动中我们学到很多课堂外的知识和技能

很多很多小伙伴都参加了寒假美术特色作业展览

<<< 第一章 七色花开——陪伴孩子快乐度过一年级

建队日，我们光荣地戴上了红领巾

陪伴孩子幸福成长　>>>

期末口语考试了，看看叔叔阿姨考官们多么和蔼可亲

<<< 第一章 七色花开——陪伴孩子快乐度过一年级

走进大自然，我们享受丰富多彩的综合实践活动

陪伴孩子幸福成长　>>>

升旗仪式上，我们在展示班级风采

<<< 第一章 七色花开——陪伴孩子快乐度过一年级

英雄的故事永远激励我们前进

17

陪伴孩子幸福成长　>>>

校运会开幕式上，应接不暇的精彩展示

<<< 第一章 七色花开——陪伴孩子快乐度过一年级

我们最喜欢的一年一度的智运会

升旗仪式上，优秀学生做主持和担任升旗手

第二节 做充分准备，轻松换角色

李玉莲　李梓萍　陈柯倩

俗话说，凡事预则立，好的开始是成功的一半。引导和陪伴孩子做好开学前的各项准备，能帮助孩子更快、更轻松地适应小学生活，开始新的征程。不同特质的孩子需要准备的内容和提前接受的能力训练不尽相同，各有侧重。概括地说，孩子开学前应该做好以下六大准备：生活能力准备、知识准备、身体准备、心理准备、社交能力准备和入学装备准备。下面，就这六方面展开谈谈。

一、生活能力准备

《中华人民共和国义务教育法》规定入读小学一年级的孩子为6周岁，按照6岁孩子的年龄特点和能力发展水平，他们应该学会自己穿衣、吃饭、如厕，这也是进入小学生活的基本能力。但我们常常看到一些父母在孩子上学后，还经常给孩子喂饭、穿衣。生活上的习惯延伸到学习上，演变为孩子作业做完了，父母总是在一旁帮着订正错误和整理书包。这种父母包办的行为让父母辛苦，孩子的基本生活能力也无从培养，导致"巨婴"产生的可能。

能力不是与生俱来的，而是人在适应环境的过程中逐渐形成的。进入小学后，孩子过的是一种相对独立的学习生活，像系鞋带、上厕所、准备学习用品等问题，都得靠孩子自己解决，孩子动作慢、能力差，势必会影响他的学习。因此，生活能力是一年级入学准备的必要内容。只有准备充分，孩子才能轻松应对小学生活，家长可以从以下五方面来培养孩子的生活能力。

1. 培养孩子的独立意识

独立意识：要让孩子知道，自己长大了，即将成为一名小学生，生活、学习不能完全依靠父母和老师，要慢慢地学会自理生活、学习和劳动，遇到问题和困难，自己要想办法解决。

独立的几大能力：培养孩子在学习生活中自我观察、自我体验、自我监督、自我批评、自我评价和自我控制等能力。

时间观念培养：帮助孩子确立时间观念，能够比较合理地计划并安排好自己的时间和活动。让孩子懂得什么时候应该做什么事，什么时候不该做什么事，并学会控制自己的愿望和行为。

让孩子懂得在做某件事（喝水、上厕所、做作业等）之前做好充分准备，明确需要完成的时间。一旦开始，就不允许以各种借口来拖延时间。可以为孩子准备一个定时的小闹钟，规定好时间限制，让孩子自我监督，自己控制时间。

2. 培养孩子的自理能力

自理能力和自理意识培养：培养孩子衣食住行、吃喝拉撒等方面的自理能力和习惯，逐渐减少父母或其他成人的照顾。

自理能力的具体训练事项：在日常生活中，让孩子学会自己睡觉、起床、穿脱衣服、铺床叠被。学会洗脸、漱口、刷牙、洗手、洗脚、大小便。学会摆放物品，洗涮碗筷，端菜盛饭，收拾饭桌。学会洗简单的衣物，如小手绢、袜子等。

3. 培养孩子良好的礼仪

培养孩子良好的礼仪应贯穿在学习和生活的各方面，包括站立、行走、坐姿、问好、道歉等。

孩子入学后要掌握的礼仪包括课堂礼仪、课间礼仪、进餐礼仪、师生交往礼仪、同学交往礼仪、家庭礼仪、社会礼仪等。

文明礼仪的培养需要土壤，需要榜样示范。因此，家长应该营造文明的家庭环境，自觉为孩子树立榜样。

4. 培养孩子的动手能力

教会孩子爱护书包、课本、画册和文具，学会使用剪刀、卷笔刀、橡皮和其他工具，并能制作简单的玩具。能有序地摆放自己的物品和玩具。用完东西及时归位，保持整洁等。

对于一些容易丢的学习用品可以提早做好标志，并教会孩子有序地分类放好，及时进行整理。

对于经常找不到东西的孩子，家长可以为他准备几个资料袋，并粘贴好标签。

5. 培养孩子的劳动能力

要求孩子参与一些力所能及的劳动，学习简单的劳动技能，如开关门窗、扫地、擦桌椅，在活动、游戏或开饭前后，拿出或放回餐具、玩具、用具和图书，能帮助家人、自己做力所能及的家务等。我校有专门的劳动课程，还有专门的劳动登记手册。孩子在我校学习六年，只要家校合力，其劳动技能和劳动素养一定会得到很大提升。

二、做好知识准备

我们不建议家长提前让孩子在入学前学完一年级的相关知识，原因有二：一方面担心家长在辅导孩子学习时，因采取了不适合儿童特点的方法而损害孩子对学习的兴趣；另一方面提前学习了相关知识，容易令孩子入学后听课的质量打折扣，不利于让孩子养成良好的倾听习惯，影响以后的学习效果。

孩子入学前，家长不要过多关注孩子掌握知识的多少，而要重视对孩子学习兴趣和学习习惯的培养，比如，独立思考、喜欢阅读、善于倾听、乐于表达等。通过大量阅读增加识字量，初步认识拼音字母是允许的，但是不建议提前学习书写。

总之，做好上学之前的知识准备并不是指提前将一年级的知识学习一遍，而是培养孩子良好的习惯，并对孩子进行一些训练，帮助孩子掌握一些基本的知识和能力。关于这点，家长们可以从以下五方面着手。

1. 培养孩子专心阅读的能力

训练孩子借助汉语拼音拼读故事书，并理解书中内容的能力。培养孩子按指令翻书的能力，如在孩子阅读时要求快速把书翻到第几页，找到第几行或第几幅图等。这方面能力的准备有助于孩子在学习时跟上教学节奏。

另外，孩子的专注力质量如何，既有与生俱来的原因，也受后天的影响。目前市面上有不少关于如何培养孩子专注力的论著，可以来参考。

2. 创设学习文字的环境

可以在孩子房间摆放随手可取的带字书籍和书写工具，随时随地与孩子一起认读生活中遇到的汉字，培养孩子对汉字的兴趣与敏感度。带孩子逛街去公园的时候，也可以提醒孩子关注店铺牌匾上的字，见缝插针地带领孩子识字、认字。

3. 让孩子清楚地表达自己的请求

让孩子学会用简单的句子描述出一件事情发生的时间、地点、人物与过程等。可以通过游戏、谈话、唱歌等活动，引导孩子运用口语，大胆地表达自己的想法。还可以训练孩子看图说话，并仔细倾听孩子对故事的描述，问一些和故事有关的问题，促进孩子对故事的理解。

4. 让孩子做画画方面的功课

通过绘画，使孩子能熟练用笔，掌握正确的姿势，养成良好的书写习惯，这样既可以让孩子"坐得住"，还可以为今后写字打下基础。

5. 引导孩子从生活中掌握一些数学常识

引导孩子感知并学习数字、形状、数量关系等方面的知识，了解"上、下、前、后、左、右"这些方向，并在日常生活中多训练孩子感受这些方位，用这些方位词说话和讲述事情，这些在数学学习中十分重要。

三、做好身体准备

上小学后，孩子在校大部分时间是上课，课间休息和游戏时间短，课后有口头作业，作息时间严格而有规律，生活节奏加快。如果这一阶段孩子的生活节奏调整不好，就会觉得疲劳，影响学习兴趣和学习效果。所以，家长可以从以下六方面着手帮助孩子做好身体上的适应准备，这将有助于预防环境变化给孩子造成的身体不适。

1. 调整作息

为了使孩子适应小学的生活节奏，家长要趁暑假调整好孩子的作息时间。晚上按时睡觉，最好20：30上床；早睡早起，根据家校距离定好合适的出发时间，做到提前十分钟左右到教室。使孩子在家的作息时间与学校的作息安排尽量保持一致。

2. 调整饮食

家长要培养孩子良好的饮食习惯，保证孩子充足的营养，每天饮食均衡，要进食面包、谷类食品、水果、蔬菜、肉、禽、鱼、豆类、蛋类、牛奶等多种食物，增强体质，提高学习效率。

3. 加强锻炼

除了必需的营养，孩子们还需要经常锻炼身体，以促进身体的协调能力，增强体质。如投掷、跑跳、攀登、跳舞等运动可以锻炼肌肉；用蜡笔绘图，做拼图游戏，搭积木和学用平头剪刀剪纸等，可以增强双手的灵活性。

4. 保护视力

孩子的视力在5~6岁时大致发育成熟，因此上一年级时一定要确认视力是否正常，如果有问题应及时矫正。此外，家长一定要控制孩子看电视和玩电子产品的时间。此外，要注重孩子的形体训练，借助握笔器、坐姿纠正器等矫正孩子的坐姿，对保护视力也有一定的帮助。

5. 安全教育

交通安全、家居安全、校园安全、电器使用安全、游戏安全等一系列生活安全知识可以提前告知，并通过游戏方式陪伴孩子实践和体验。孩子喜欢情景扮演和角色代入，大人可以设定一些场景，让孩子进入角色体验会碰到的困难（危险），然后尝试去化解，让孩子获取排解危机的生活经验。

6. 体检

入学前应带孩子到医院做一次体格检查，了解孩子生长发育的状况是否符合各项标准。

四、做好心理准备

马上要成为小学生啦！即将开始的新生活会是什么样子呢？小学到底什么样？老师凶不凶？同学们和幼儿园的小伙伴一样吗？面对即将开始的小学生活，孩子的心中可能会有期待和不安，也许还会有隐隐的害怕，甚至焦虑。这个时候，家长可以从以下三方面帮助孩子提前做好心理准备。

1. 让孩子提前认识学校，培养对学校的感情

带孩子熟悉上学路线，跟孩子一起走进学校，认识学校，参观教学楼、走一走操场，使孩子对学校具有初步感受。

2. 观摩学校放学"盛况"，提前感受学校生活

选择一个放学时间，带着孩子加入等待接孩子放学的家长队伍中，告诉他以后爸爸妈妈也会这样，站在人群中等他放学。

3. 用积极正面的语言，激发上学兴趣

家长千万不要当着孩子的面说上学很苦、很累之类的话，也不要盲目地崇洋媚外，一说起外国的教育就夸赞，一提起中国的教育就"吐槽"。在孩子上学之前，家长需要帮孩子树立起学习的信心，激发孩子上学的兴趣。

要让孩子感到上学是一件光荣的、值得骄傲的事。我们可以从正面向孩子传递积极的信息："你长大了，就要上小学了，爸爸妈妈真高兴！"让孩子感受到父母为自己的成长而高兴。切忌吓唬孩子："等你上学了看老师怎么管你！"这些话会引发孩子惧怕上学的心理，而且不觉间给孩子一种"小学老师很凶，很令人可怕"的错误导向，这当然不利于孩子开始小学阶段的学习。

五、做好社交能力的准备

家长不要小看孩子"找朋友"的能力，它是一个人社交能力的体现。一个能受到大多数人欢迎的孩子，社交能力很强，一般来说成绩也会很不错。那么怎样帮助孩子学会与人交往，能够在入学后很快地找到好朋友呢？

1. 不要轻易给孩子"贴标签"

不要这样给孩子"贴标签"："他就是太内向""他胆子小"等，家长口中"胆小、内向"的孩子越是被责备，越是往后缩，社交能力并不能在责备下加强。因为孩子在内心深处接收并认定了家长给他的"标签"，使自己越发缺乏社交能力。

2. 孩子与小朋友产生矛盾时家长不要随便插手

孩子之间经常会发生矛盾，多数情况下可以自己解决。比如，为了争夺一个玩具而吵了架，或者谁被碰了一下、摔个跟头哭起来，这样的事情并不需要一个成年人用成熟的眼光来看待并分辨对错，要相信孩子是有能力解决的。

当孩子与小朋友发生矛盾时,如果您的孩子是吃亏的那一方,您可以告诉他:"那个小朋友是有些不应该,不过,不用放在心上,这不是什么大事。"如果您的孩子欺负了别的小朋友,您也不需要讲各种大道理,只要告诉他:"小伙伴们一起玩,大家都开心才会更快乐。我更喜欢那个小朋友的懂事、有礼貌。"然后,相信孩子自有解决之道,给他们时间,而不是直接帮孩子解决。家长不要时时刻刻做孩子的"保护神"。事实证明,被过度"保护"的孩子,社交能力相对较弱,社交面也不会太广。

3. 让孩子学着理解别人的感受,换位思考

现在的孩子出现的社交问题,其实多数都源于过度关注自我而忽略他人的感受。因此在入学前,家长要慢慢培养孩子换位思考的能力以及为别人着想的品质。懂得换位思考的孩子会更容易结交朋友,在群体中存在感会更强。

六、入学装备的准备

刚刚入学的孩子受年龄特点的影响,注意力容易分散,因此家长在准备学习用品时,不要选择外观精美、包装精致的,而应尽量准备简单实用的文具,不让孩子带贵重的学习用具去学校,避免引起互相攀比或不慎丢失。

一年级新生入学装备表

物品	具体要求
书包	要双肩背的，不要过大、过厚及带拉杆的书包
笔袋	实用简洁的布制笔袋，不带多功能铅笔盒
铅笔	2H型木杆铅笔比较合适，最少带5支
橡皮	绘图用橡皮，软硬适度。不要购买带有香味或者造型新颖、颜色过艳的橡皮
直尺	选择刻度清晰的透明直尺，以笔袋能装下为宜。不带钢尺和折叠尺
书皮	准备透明的塑料书皮即可
资料袋	为语文、数学和英语以及综合科各准备一个文件袋
服装	选择统一校服，服装上要绣上孩子的名字和班级；选择使用"粘带"的鞋子，不用系带的鞋子

第三节 培养好习惯，适应一年级

彭馨仪 李梓萍 陈柯倩

开学第一天，对于刚上学的孩子来说，很多事都可能成为一种挑战。从今以后，生活和学习方面的很多事要学会自己做，学会和小朋友相处，学会遵守纪律，学会自己收拾整齐，学会处理简单的问题，学会寻求帮助等。家长要帮助孩子做好相关准备，让孩子能自信地面对开学第一天。

一、熟悉校园环境

在秋季正式开学前，香洲一小会安排半天"新生学前训练"活动，在这半天时间里，老师会和每个孩子互相认识，并帮助孩子学会集合站队，给孩子编排座位。孩子们会在老师的引导下熟悉学校环境，知道教室、功能室、卫生间、操场、校门、校医室、放学点的具体位置。

这一天中，老师会组织小朋友认识卫生间，指明男、女卫生间在哪儿，要求他们自己记住卫生间的位置，这样课间需要上卫生间时能自己找到。孩子还需要记得摆放饮水机的位置，老师会告诉孩子们怎样打水，什么时候可以来打水。老师会要求两三个小伙伴一起去看看，这样可以加深印象，也可以和身边的小伙伴尽快熟悉。

二、熟悉上课行为

（1）听铃声上下课。上课起立问好，下课和老师说再见。

（2）下课能收好用过的课本以及学习用具，准备好下一节课的书和学习用具，学会摆放书本和笔袋。

（3）学会上课的正确的坐姿。

（4）认识各学科书本，认识课程表以及课本页数，会摆放书本和铅笔盒。

三、熟悉身边人员

（1）认识自己的班主任，知道老师姓什么，记住老师的样子。

（2）学会和老师进行简单的交流、沟通，学会向老师反映自己的需求或寻求帮助。

（3）在和小伙伴的交往上，家长要在开学第一天叮嘱孩子争取能认识座位周围的 2~5 名同学，认识站队时前后两个同学。认识的方法有很多，比如，主动向小朋友介绍自己，也可以主动问别的小朋友的名字。

四、熟悉生活常规

学会排队上下楼梯，学会按时饮水、有序领取早餐和收拾自己的餐具，能够向老师反映自己的需求。中午放学和下午放学，能够将自己的需要的物品全部带走。放学后能在指定地点找到家长后告知老师再离开，千万不要和陌生人离开。

除了上述四大任务外，孩子还需要记住自己的班次，以便第二天能够顺利地找到教室；记住自己在班级的座位，第一次排座位一般会固定一个月，家长可以协助孩子制作姓名牌贴在桌面右上角，以便上课的老师尽快熟悉孩子，往后每周会调整一次座位；记住自己放学排队的位置，最好的方法是问问自己前边的同学叫什么，后边的同学叫什么，记住这两个同学就能找到自己的位置了。

开学第一周，孩子们来到新的环境，对一切都很陌生。这一周是他们最新鲜也最难熬的日子,也是他们适应学校生活重要的一周。

第一周初步熟悉学校生活的主要任务

主要任务	详细说明
环境熟悉	认识所有专用教室,知道各学科上课地点
人员熟悉	认识各任课老师,知道周围同学的名字
自我管理	铃声响便进教室,将书本、铅笔盒摆放在指定位置 按照课表记住每一天的课程,不同课程摆放不同的书,下课后会整理自己的学习用品 上课时如果要去卫生间会正确表达,不影响他人上课 会写名字,会拿铅笔,书写姿势正确 区别学具和玩具,学会简单登记作业 下课不做危险的游戏
遵守规则	上课坐姿端正、注意听讲,不插话,会倾听。要发言先举手,声音洪亮、站姿正,会用本子写作业,会读书(指读),带齐学习用具,学会在指定位置书写
文明行为	对老师有礼貌,主动问好,正当游戏,不打闹,学会宽容,会说"对不起""没关系"。同学间互帮互让,有矛盾会向老师反映,不随意拿别人东西,捡拾学具要归还或交给老师,爱护书本,不撕、不折角
集体服务	帮老师发作业本、做好值日
家校联系	正确向家长反映与同学之间的矛盾
早餐	早餐时会准备餐具、爱护餐具、讲究卫生、文明就餐,餐后会整理
课间3件事	喝水、准备学具、上厕所
家长协助	家长帮助孩子将课本包上书皮

五、认识范围的扩大

在这一周里,学生的认识范围会扩大:

(1) 认识自己所有的任课教师。

(2) 能找到所有功能教室。

(3) 认识班内的大部分同学。

(4) 交到 5 个左右的新朋友。

对家长而言,这一周也是最让他们忐忑不安的一周。为了使孩子能尽快适应、融入小学的集体生活,此阶段,家长对孩子生活方面的关心和照顾要更细致一些,要耐心倾听孩子对学校、对老师、对同学的看法,要让孩子先讲完,然后再做讨论,适当地引导。家长可以和孩子一起制作表格记录孩子发现的新知,用以鼓励孩子,比如,孩子每天认识的一位同学、一位任课教师、一间新的专业功能室,上课学会的一项新本领,都可以在表格上贴上"笑脸",或者"红苹果"。孩子每天看着自己的新收获,心里会觉得美滋滋的,觉得自己的本领越来越大。

六、自我约束的增强

孩子走进学校的第一周,正式开始"读书郎"生活了。学校要求孩子们在自我约束方面能够做到:

(1) 上学不迟到、不早退。

(2) 能够遵守课堂纪律,坚持上课 40 分钟,减少课上去卫生间的次数。

（3）上课举手发言，声音要洪亮。老师和同学讲话时，要坐姿端正，边听边想。如果要发言，要举手征得老师同意。

（4）课间能在老师的提醒下按要求完成喝水、上厕所、准备学具等工作。

（5）上操、放学时能在队伍里找到自己的位置，做到快、静、齐。

在学校，老师会通过顺口溜、儿歌来对孩子进行一些强化训练，让他们懂得一些学校规则，并养成良好的学习习惯。如"一二三，坐端正"可以用于培养孩子的坐姿习惯；集会或者站队列时，说"立正，一二"；课堂上当孩子们讲话，时，说"小嘴巴，不说话"。这些简短的一问一答式的顺口溜、儿歌，孩子们既会觉得有趣，又会反应迅速。家长在孩子回家后不妨多考考孩子学会了哪些顺口溜或儿歌，也跟孩子一起来练习，帮助孩子巩固记忆。

七、文明礼仪的养成

开学第一周，学校要求孩子们在文明礼仪方面能够做到：

（1）初步具有集体意识，能够听懂班主任老师的简单要求，并按要求去做。

（2）对老师有礼貌，主动问好，正当游戏，不打闹，学会宽容，会说"对不起""没关系"，正确向家长反映与同学之间的矛盾。

（3）同学间互帮互让，有矛盾会向老师反映，不随意拿别人东西，捡拾学具要归还或交给老师。

（4）爱护餐具，排队有序，讲究卫生，文明就餐。

家长要配合老师，给孩子提出要求，并处处留心，事事引导，帮助孩子养成文明礼貌的好习惯。

八、自理能力的提高

上小学以后，学习的模式变成课堂教学，开学第一周，学校要求孩子们在自理能力方面能够做到：

（1）课间休息时要自己整理书本，自己喝水。

（2）上厕所要有序，注意安全。

（3）用餐时不讲话、不挑食，餐后收拾好餐具，安静休息。

（4）参加大课间活动时学会解开跳绳、收起跳绳，上下楼梯靠右行并保持安静。

（5）课间活动注意文明游戏，不追跑打闹、不做有危险的动作，懂得保护自己。

（6）鼓励孩子自己的事情自己做，遇到问题要先自己想办法解决，不能解决时要告诉老师。

家长也应该配合学校的教育，注意孩子独立意识的培养，应鼓励孩子多做些力所能及的事情，尤其是吃饭、穿衣、收拾书包，一定要让他自己来。也就是说，孩子可以自己做的事情，家长一定不要代替，一次做不好就两次、三次，哪怕做得不够好，只要是孩子自己做的，就值得鼓励。

第四节　培养好行为，投入一年级

张　萍　李梓萍　陈柯倩

一、按时到校不迟到

按时到校是对小学生最基本的要求，孩子高高兴兴去上学，带着好心情开始一天美好的学习生活。根据学校的作息时间，校门7：30开放，8：00开始上课，要带齐当天课程所需用具，在7：30至8：00之间到校，为了安全，不能过早到校。根据有关部门的要求，班主任会在8：00前进行晨检，从卫生防疫、安全等方面检查班级孩子的情况，如有传染病需要及时隔离，如有安全隐患需要及时排除。所以，孩子有病或有事，家长需要在晨检前向老师请假，以便老师完成晨检记录和上报工作。

家长怎样做才能保证孩子按时到校呢？

（1）帮助孩子适应学校生活和要求，让孩子知道上学不能迟到，有事要提前请假。

（2）安排好孩子的作息时间，按时睡觉、起床，不赖床。保证每天10小时以上的睡眠时间。

（3）每天按时吃早餐。家长要给孩子准备营养早餐，营养充足，搭配合理，定时定量。学校也有早餐供应（广东源生餐饮管理服务有限公司），家长可以根据实际选择让孩子在学校就餐。

二、熟记课间三件事

课间10分钟是短暂的、忙碌的。孩子们在课间有3件事必须做，请家长配合对孩子反复强调：喝水、上洗手间、做下一节课的准备。

关于喝水。请家长在家给孩子装好一壶水，500毫升左右，水壶上贴好班级姓名，以免丢失。教学楼的二楼和三楼都备有纯净水，若孩子喝完自己的仍然不够，可以拿水壶去接水。

关于上洗手间。要让孩子学会文明如厕，养成如厕后冲水、便后洗手的好习惯。如果人多，需要自觉排队等候。切不能等到上课铃响后才匆忙上洗手间。

关于课前准备。要让孩子学会看课程表，根据课程表准备好下一节课的书本和学习用品，上课用品统一摆放在课桌的右上角。

对于孩子来说，课间还有一个重要课题就是和同学交往，适应新的人际关系。家长要支持孩子与同学来往，告诉孩子要向同学学习，关心同学，与新同学建立友谊。提醒孩子与同学相处时要举止文明，待人有礼貌，学会文明用语，不说粗话、脏话，说话要和气，不高声叫喊。玩耍、做游戏时要自觉遵守游戏规则，与伙伴有合作意识，有不同意见可以正面提出，不打架，不自私，对待小伙伴要真诚、热情。

三、上课要专心听讲

课堂是学习知识、增长本领的主要阵地，孩子必须遵守上课的纪律，养成良好的学习习惯才能更好地学习。家长要配合老师对孩子强调上课的纪律，告诉孩子做到以下五点。

（1）听到上课铃响，马上回座位安静坐好，培养以铃声为指令的意识。

（2）上课时，要保持坐姿端正，目视老师或黑板。

（3）认真聆听老师讲课，聆听同学发言，积极思考。

（4）回答老师的提问或提出问题时要先举手，老师允许后起立回答，与老师对话时要看着老师，声音洪亮，让全班同学都能听得到。

（5）课上切记不能随便说话和乱接下茬。

四、正确的行走姿势

良好的行走习惯对于保障孩子的生命安全特别重要。学校要求学生在楼道里行走、上下楼梯都要靠右行，行走要做到：轻声慢步靠右行。

（1）上下楼梯要严格遵守"速度缓、脚步轻、靠右行"的原则。遵守"八不准"：不准奔跑、不准拉扯、不准推搡、不准玩耍、不准拥挤、不准喧哗、不准滑楼梯的扶手、不准在楼梯上跳跃。

（2）不攀爬触摸楼道内的窗户、铁门、消防栓、走廊护栏、楼梯扶手等安全设施。

（3）学校集体活动期间（如课间操、升旗仪式、集体放学、集会、安全疏散演练等）学生集中上下楼梯要排队，由负责老师带队，按照指定的路线上下楼。

（4）学生集体上下楼梯时，严禁其他学生逆向上下，严禁突然停下或蹲下、系鞋带等，避免危险行为的发生。

五、认真做每日两操

坚持做好"两操"（课间操和眼保健操）对孩子们养成良好的体育锻炼习惯、增强体质、保护视力有着很好的促进作用。为了孩子的身体健康，家长在家要多教育孩子珍惜做操时间，认真、自觉地做好"两操"，锻炼身体，强健体魄，使做操真正起到应有的保健效果。

在学校做早操时，老师会强调：

（1）出操时做到快、静、齐。

（2）做操时，听广播指令，按节奏做，杜绝懒散。

老师组织每天眼保健操时，会提出以下要求：

（1）做操时要认真安静。

（2）做操时双眼合闭，姿势端正。

（3）手要清洁，指甲剪短。

（4）穴位、动作正确到位。

（5）节拍合理，用力适度。

六、和同学友好相处

孩子上学了，家长总会有各种担心，比如，孩子能不能很好地和小朋友交往，能不能很快地得到老师的关注和喜爱，能不能很快融入新集体等等。这里介绍一些方法，帮助家长来指导孩子增强与老师、同学交往的能力。

（1）教会孩子自觉主动、热情大方地与老师同学打招呼，得到别人的帮助要道谢。有礼貌的小朋友更受欢迎。

（2）鼓励孩子尽快记住同学和老师的名字。例如，"我的同桌是某某""我的前面是某某""教我们数学的是某老师"等。

（3）鼓励孩子积极参加班级活动。比如，做值日：虽然值日生要早来或晚走，但是家长一定要支持孩子，做好值日生是培养孩子班级主人翁意识的开始。

（4）鼓励孩子自己解决与同学之间的矛盾。如果孩子自己不能解决与同学之间的矛盾，家长应该教他及时寻求老师的帮助，相信老师一定能帮助他解决问题。如果在与同学交往中，自己家的孩子犯了错，不要偏袒孩子，应该鼓励孩子勇于承担错误，主动道歉，帮助孩子在错误中成长。例如，损坏同学的物品要道歉并赔偿，也许只是一个小小的本子，但其中的教育意义影响深远。

（5）告诉孩子不要随便动用他人物品。动用他人的物品要先经过他人允许，如果特别喜欢可以和家长商量购买。

（6）告诉孩子，每个人都会有优点和不足，要学会尊重他人，宽容地接纳他人，才能结交更多的好朋友。比如，不给他人起外号，大方地接受别人的道歉等。

七、爱护公物讲礼仪

孩子们来到新的学校，一切都是陌生的、新鲜的。校园里有很多公共设施，给大家带来便利。比如，教室里的桌椅，楼道里的饮水机，操场上的垃圾桶，洗手间里的洗手液等。老师从入学第一天开始就会培养孩子们爱护公物的意识，家长在家庭教育中也要配合老师，将爱护公物、讲究文明的意识灌输给孩子。

教室里的桌椅是公共财物，同学们会定期换座位，要保持桌面和抽屉的整洁，不在抽屉里存放垃圾，不在桌面上乱涂画，桌椅脏了及时擦。

讲桌上的粉笔是老师给同学们讲课用的。课间，同学们不能用它当画笔在黑板上乱涂乱画，遗落的粉笔头要放回粉笔盒。

到饮水机接水时要排队，喝多少接多少，不浪费。早餐的餐盒要妥善处理，不能把吃剩的早餐随意倒在洗手池里，以免堵塞下水道，由于学校条件有限，建议孩子把餐盒带回家清洗。

教室里、楼道上展示或张贴的作品，是给大家欣赏的，每一件作品都是小作者辛苦劳动和智慧的结晶，同学们只能看不能摸，更不能损坏，要懂得尊重与欣赏。

楼道里的灭火器是在危险时刻灭火用的，不是玩具，同学们不能乱动，更不可以拉上面的手环，否则灭火器就报废了。

八、积极参加集体活动

集体活动对孩子成长具有重大意义。在集体活动中，特别是竞赛式的集体活动中，为了集体的荣誉，孩子会克服自私心理，自觉地与同伴配合和分享。在相处中，为了得到同伴的爱和认同，孩子会尽可能克制自己，不与其他人争吵、打架，即便发生了矛盾，孩子也会学着协调处理。同时，集体活动还有利于孩子移情能力的培养，可以让孩子学会尊重他人，理解他人的困难并同情他人，并给予力所能及的协助。学校是孩子体验集体生活的最好场所，也是培养孩子良好品德、陶冶性格的最好场所。

家长可以参考以下几个建议：

要为孩子创造共同活动、共同体验的环境。平时，家长要多让孩子与亲朋好友、左邻右舍的孩子游戏交往，鼓励他们参与社会组织的各类丰富多彩的集体活动，可以利用节日游园、郊游踏青、参观游览、走亲访友、演出比赛等机会，有意识地安排孩子与集体频繁接触，增进孩子对集体活动的认识与了解，提高孩子参与的热情和积极性，体会集体活动中的乐趣。

帮助孩子建立友谊，培养合作能力。在集体活动中，很多活动是需要同伴合作完成的，平时家庭可以开展合作游戏。如"两人三足、赛跑、下棋"等，让孩子懂得有些事要大家合作才能完成；也可以让孩子自己找朋友，从跟伙伴共同参与逐步过渡到大家共同活动，用同伴的热情与积极性感染孩子，用同伴的热情与积极性感染孩子。另外，在集体活动中要给孩子提出具体要求，分配具体任务，活动项目也应该利于孩子间合作。

要发挥荣誉的激励作用。孩子在集体活动中的点滴进步和突出表现，家长都要给予肯定，如"小丽在今天的活动中帮助了小强，真棒！""明明，你今天的表演真棒！""东东，今天表现有进步，下次活动肯定更好。"类似这样的鼓励性语言是孩子参加集体活动的无形动力。

在公益活动中培养孩子的奉献精神。现在的孩子有享受不完的爱，奉献却很少，甚至没有。如果享受父母创造的幸福是他快乐的唯一源泉，那对孩子的发展来说非常不好。所以，我们要重视对孩子进行奉献教育。如今，公益活动已经成为一种有社会责任心的人都热心参与的事业，父母可以通过公益活动培养孩子奉献精神，比如，保护环境、帮助他人、社区服务等。

第五节　筑牢安全线，共建平安校

徐洲丽　李梓萍　陈柯倩

安全关系到孩子的健康成长，坚持不懈地对孩子强调安全意识非常重要。

一、教室安全

教室是孩子们经常活动的场所，许多即使看起来细微的事情中，如果不注意教室里的安全，也容易发生危险。

1. 防磕碰

教室里放置了许多桌椅、书柜、教学用具、清洁用具等，不能在教室里追逐、打闹，不能做剧烈的运动和游戏，防止由于碰撞课桌椅而造成意外伤害事故。

2. 防挤压

在开关教室的门、窗户时要做到动作慢和轻，慎防夹到自己或他人的手。打开教室前后门后，应立即拴上门的安全栓，固定好教室门，以防挤压。

3. 防滑、防摔

教室地板要保持干爽，防止滑倒受伤；不站在桌子或椅子上打扫卫生或取放物品。值日生打水拖地也要注意防止滑倒。

4. 防坠落

无论教室是否处于高层，都不要将身体探出阳台、窗外或在防护网间玩耍，谨防不慎发生坠楼的危险。不在窗框边放物件，严禁向窗外抛物，防高空砸物。

5. 防火灾

不带打火机、火柴等危险物品进校园，杜绝玩火等行为。不随意开关教室里的电子设备或电源，离开教室前应关好所有电源。

6. 防意外伤害

不带刀、剪刀等锋利、尖锐的工具进校园，美术课用到的剪刀必须是圆头的，使用时必须有老师指导，用后应妥善存放起来，不能随意放在桌子、椅子上，防止有人受到意外伤害。

二、课间安全

在每天紧张的学习过程中，课间活动能够起到放松、调节和适当休息的作用。

课间活动应当注意以下八方面。

（1）课间休息时，严禁在走廊、楼梯、过道上奔跑、追逐、打闹、推搡和游戏。

（2）不倚靠在防护栏上聊天，严禁攀爬或趴在走廊的护栏上，不在护栏上放东西。

（3）注意用电安全，不要乱摸、乱动教室及走廊等公共场所的电器设备、开关、插座、消防栓等。

（4）在没有老师指导的情况下，不得私自拿体育器材或使用体育活动设施等。

（5）课间活动应以放松、休息为主，不能做剧烈的活动。

（6）进出洗手间时脚步要慢，防止滑倒，严禁在洗手间内玩水或玩躲藏游戏。

（7）上下楼梯时，做到轻声、慢步、靠右行，不拥挤，防止踩踏。

（8）学生需要外出时，家长与班主任必须联系好，由班主任或副班主任签字发放放行条，家长到校接方可出校。

三、运动安全

上体育课和课外活动前要充分做好准备活动，运动时要防止剧烈碰撞，以免撞伤或摔伤。体育课在中小学阶段是锻炼身体、增强体质的重要课程。体育课上的训练内容是多种多样的，要注意的运动安全事项也因训练的内容、使用的器械不同而有所区别。因此学生要先了解自己的身体状况，不适宜参加体育锻炼的学生，家长必须向老师说明或提供相关的医生证明。教师要做到保护好孩子的隐私，杜绝因隐瞒病情导致意外发生。学生要认真听从老师的指令和要求，若在上课时觉得身体不适，应立即告知上课教师，做到安全、科学、合理运动。

四、路上安全

家长在教育孩子注意上下学路上的安全时，首先要以身作则，强化自己的安全意识和安全行为。

1. 走路上下学

步行回家时，要注意遵守交通规则。

走路时，在没有交警指挥的路段，应选择人行横道、人行通道或人行天桥等安全的交通通道通过，要学会看交通指示灯，避让机动车辆，不与机动车辆争道抢行。

遇到雷雨天气，要及时躲避在安全的地方，不在大树下躲雨，以免遭到雷击伤害。

关注天气预报和学校因暴雨、台风等恶劣天气停课的有关信息，做好在家的安全教育。红色暴雨信号，橙色台风预警信号，幼儿园、托儿所和中小学停课。

遇到交通事故，可打122电话向警察求助。

2. 坐公共汽车上下学

如果孩子上下学都乘坐公共汽车，家长要向孩子强调以下七点。

（1）对司机要有礼貌。

（2）超载的车不能坐。

（3）禁止身体伸出车窗。

（4）禁止在车上嬉闹追逐。

（5）禁止在车上看书、吃东西。

（6）有序上车、下车，禁止哄抢座位、前后推搡。

（7）下车后，立即进入校园或回家，不得在外面游逛。

3. 汽车接送上下学

用私家车接送孩子的家长不要忽略孩子的安全和道路交通问题。

（1）要求家长和孩子在开车过程中系好安全带，不要让孩子坐在副驾驶的位置。

（2）家长准点接送，避免造成车辆拥堵。

（3）下车前，让孩子提前做好准备；下车时，一定让孩子从靠近人行道一侧下车。车辆一定要做到随停随走，不要在马路上长时间停留。

（4）放学来接孩子的车辆，尽量停放在不影响交通秩序的地方，在行进过程中要主动避让，文明开车。当有交警、义工或老师在旁指挥时，要配合工作。

（5）如果家离学校不远，尽量不要开车接送。

4. 其他车辆

严禁小学生乘坐电动车、无牌摩托车或骑自行车上下学。

以上几方面是常见问题，家长可根据实际情况再进行补充教育。

五、居家安全

孩子上小学后，放学时间比较早，孩子在家中玩耍、活动的时候，往往容易放松安全警惕，以致发生意外事故，所以家长一定要提醒孩子注意家中的安全。

1. 学会锁好防盗门

进出家里的大门应随手锁好防盗门，把容易从外面进入室内的窗户关好，防止坏人潜入室内；如果只有孩子一个人在家，有人来访时可以隔着门窗与其对话，对自称是修煤气管道、修水表、修电表、修电器等的来访者，要委婉拒绝，等爸爸妈妈回家再处理，不能开门；如果发现坏人进屋，千万不能惊慌，尽快躲藏起来或伺机逃走，不提倡与坏人搏斗。到安全的地方后赶快打110报警电话并与爸爸妈妈联系。

2. 学会自我保护

玩耍时不从高处往下或从低处往上跳，更不要攀爬桌椅、书柜等家具；不在室内追逐打闹，避免碰撞和滑倒；进出卫生间时要留意地上是否有水迹，预防打滑、摔倒；不模仿电影、电视剧中的危险动作；不随意玩火、使用刀具和触碰、摆弄带电设施；不玩弄门窗，以防夹到手指。

3. 远离药品

不随意拿取家里的药品，不明情况时不随便服用，不食用放在角落里的食物。

4. 小心电源

不随便拆、卸、安装电源线路、插座、插头等；家里所有的电源插座都不可以用导电的物体去试探；插插头时，手一定要注意不能碰到插头的金属片；拔插头时，也要小心地掐住插头的绝缘部分将插头拔起；手上有水或汗时，不要插插座或按开关。

5. 小心热水、热气

在家里还要提醒孩子小心热水、热气、热油，以防烫伤、灼伤或烧伤。用玻璃杯等传热快的器皿倒开水时，要将其放在桌上，不要拿在手里，以免烫伤手。使用饮水机接取热水时，也要小心烫伤手。如果出入厨房，一定要小心煤气灶上热气腾腾的蒸锅、油锅，小心热气、热油。

家长应该教会孩子在紧急情况下拨打求助电话。如果需要警察帮助，拨打110。如果发现着火，马上拨打119。当有人不舒服需要送医院时，拨打120。如果记不住，那就打110，但这3个电话不可无事就打。

附："我做到了"行为规范表

一年级日常行为习惯评价表

项目	我能做到	周一	周二	周三	周四	周五
到校早读	我能按时到校，不迟到					
	见到老师我能主动问好，有礼貌					
	我能做到入室即坐，入室即读					
课前准备	我能做好课前准备					
	铃声响起，我能坐好					
上课	课堂上我能积极提问或回答问题					
	我回答问题的声音很响亮					
	上课时我手里不玩东西，眼睛看着老师					
	我能爱护课本和练习本					
	我能将作业写得干净整齐					
	我能按时按要求完成作业					
	我能将字写得工整					
课间	下课后我能及时喝水、上厕所					
	课间我不和同学打闹、追逐					
课间操	我带齐了体育器材					
	路队时我能做到快、静、齐					
	做操时我能听从指令，认真做					
午读	我能做到入室即坐，入室即读					
放学	我能主动向老师说再见					
	父母没来接时，我能在放学点安静等候					
回家	回到家我能主动向爸爸妈妈问好					
	我能自己收拾好书包，带齐第二天的学习用具					
	我能做力所能及的家务					

第六节　培养好习惯，开始一年级

柳惠芬　李梓萍　陈柯倩

一年级是孩子养成良好学习习惯的关键期，家长要抓好关键期培养孩子的好习惯。

一、正确的书写习惯

帮助孩子养成好的书写习惯，建议家长采用以下方法。可以借助握笔器等书写工具纠正不当的书写姿势；用儿歌来提醒孩子学会正确的执笔姿势：一指二指捏着，三指四指托着，小拇指垫着，小笔杆斜着；用儿歌来提醒孩子正确书写：要做到"三个一"，胸离桌子一拳远，手离笔尖一寸远，眼离书本一尺远。

为帮助孩子养成正确书写习惯，家长应先针对孩子常见的书写问题来调整。

1. 笔画不规范

笔画书写不规范会造成字体歪斜。低年级的孩子在刚入学时，老师比较强调横平竖直，可随着年龄的增长、年级的升高，孩子和老师都会忽略这方面的要求，特别是有角的地方要顿，有弯的地方要圆。有的孩子写字时不认真写，比如，他们会把短横短竖写成点，把侧点写成撇，等等。因此，家长要求孩子书写时一定要把笔画写规范。

2. 用力不恰当

用力是否得当与孩子是否能写好字有直接关系。有的孩子用力过猛，不但使本子上的字又大又脏，而且使手腕僵硬，没写多少字，就觉得手酸不想写了；有的孩子用力过轻，因此字写得又小又淡，笔画显得无力，甚至歪扭。

3. 大小不合适

孩子写惯了田字格上的大字，在双线本或没有格子的纸上，也把字写得很大。有的甚至超出了格子的上下线。因此，从小就要告诉孩子，字的大小要适度，不要在格子中把字写得过大，字要写在田字格的中间，四周应该留有一点空白。可记住口诀："上留天下留地，左右留缝隙。"对于只有下面一根线的时候，书写也要注意字的大小要合适、均匀。

4. 排列不整齐

有的孩子一行字写得高高低低，因此整个卷面看上去不整洁。要告诉孩子写字时给字排上整齐的队伍，字的大小要差不多。

5. 间距不匀称

写字时字与字之间的间距是否匀称，在写字指导中也是很重要的。有的孩子写字的字间距很大，给人感觉很不舒服，反之有的字间距很小，字和字之间挤得太紧，看起来也不美观。因此家长要及时指出，让孩子加以改正。

孩子在书写一段时间后，可以通过做手指操来缓解手部肌肉疲劳，从而辅助养成正确的书写习惯。

二、良好的倾听习惯

在幼儿园，以游戏活动为主，可是到一年级就不同了，从以游戏活动为主变成了以学习为主，有些孩子会感觉不太适应，甚至上课不太专心听讲。没有良好的倾听习惯，极有可能对孩子的学习造成障碍。

一年级老师要求孩子听的时候眼睛要注视着老师或看黑板。要听清老师或发言的同学说的每一句话，脑子里不想其他事。听完别人的话再发表自己的意见，不插嘴。手要放在桌面，不摆弄东西。

家长要想了解孩子在学校的听讲情况，不妨试试以下妙招：每天放学后问问孩子，数学课上讲什么了？语文课上讲什么了？你上课举手了吗？回答什么问题了？总之，问得要具体、量要少。每天回家后，看看孩子的书和作业本也能知道孩子的听讲情况。多听孩子叙述课堂情况，多鼓励孩子在课堂上发表自己的意见，多跟老师沟通了解孩子的听课情况。

培养孩子的倾听习惯，家长可以从以下三方面着手。

1. 多和孩子交谈

孩子的思维具有直观性，最喜欢"鹦鹉学舌"。家长应该有意识地培养孩子倾听别人说话的习惯。

2. 在家中营造良好的语言环境

孩子们都喜欢看动画片。家长可以抓住时机与孩子交流，比如，问"你听到了什么?"有时孩子漏看了一集或一部分,家长要及时向孩子转述,这样不但可以培养孩子倾听能力,而且还能培养孩子的观察能力。因为要听得清楚、说得明白,必须仔细观察。

3. 鼓励孩子良好倾听的行为

在日常交往中,只要孩子能认真听对方讲话,不打断,不急于表达自己的想法,耐心地听完、听懂对方的话,家长就可以表扬他,让孩子在鼓励中养成倾听的好习惯。

三、独立完成作业习惯

一年级是孩子养成良好学习习惯的关键期。一个好习惯的养成,至少需要 21 天的不断重复。

家长要让孩子明白学习是自己的事情,要学会独立思考、独立完成作业。因此,建议家长在孩子入学后的头两个月,每天督促或检查孩子作业的完成情况,从而帮助孩子养成独立完成作业的好习惯。但是家长切记不要守着孩子写作业,原因如下。

(1)家长陪伴在旁边,孩子遇到问题,懒得思考,会要求家长马上予以解决。

(2)孩子写完作业,家长会不自觉地去给孩子检查、纠错,这样不利于培养孩子写完作业后自我检查的好习惯。

(3)当看到孩子完成作业有困难时,家长会耐心地给孩子讲一遍,这样,有的孩子或许会想:"反正我不懂的爸爸妈妈都会像老师一样再教一遍的,我以后上课不认真听也没关系了。"久而久之,孩子就会产生依赖心理。更重要的是，以后慢慢升入中高年级，学习难度增加，家长的辅导一旦停下来，孩子的成绩就会下降，到那时就悔之晚矣。

所以，家长不能守着孩子写作业，但给予适当的指导与帮助是必要的。

给孩子创造良好的写作业的环境，安静、舒适、整洁、光线充足；孩子写作业前准备好完成作业所需的书本、文具、工具书等。

孩子写作业前，家长要给孩子提出要求，比如，坐姿正确、书写工整、专心投入、认真审题、完成后检查等。孩子应该先自我检查，遇到问题要留到最后与家长讨论，共同解决。如果做到了家长的要求，孩子可以用笑脸贴画来表扬自己。

孩子写作业时，家长少说话、少打扰，给孩子独立完成作业的空间，并对孩子独立完成作业予以鼓励和表扬。

给孩子提供一个小闹钟，用于写作业计时，在保质保量的前提下，训练孩子提高写作业的速度。

在辅导作业时，如果孩子碰到难题，家长可以一步一步地引导孩子解决。解题过后，建议家长马上找相同类型的练习题让孩子再做。这样既可以检验孩子对刚才的问题是否真的弄明白，也可以避免孩子产生依赖心理。

除此以外，家长可以放下"家长"这个角色，和孩子共同探讨，列举可能解决这道题的所有方法，最终解决这个难题。这种方法最有利于培养孩子独立思考的习惯。

四、认真完成作业不磨蹭

一年级不留家庭书面作业，但老师会要求孩子回家后读书、背书、讲故事、练口算题等。刚刚入学的孩子还没有做作业的意识，因此做作业时常常坐不住，一会儿玩橡皮，一会儿玩铅笔，磨磨蹭蹭，要很长时间才能完成这些作业。这时，家长最重要的是培养孩子完成作业的责任心，养成认真完成作业不磨蹭的习惯。同时家长也要了解孩子的实际能力，给予适当的帮助。在孩子做作业前要做好准备工作，问问孩子是否有喝水、如厕等生活需求。一旦开始做作业了，就不要随便离开座位。孩子做作业时把桌面清干净，不放和作业无关的东西。根据作业的多少和孩子一起预测完成作业的时间。如果孩子做作业爱玩，可以放个摄像机，告诉孩子它将拍下你做作业的过程。及时鼓励孩子的点滴进步。

家长要帮助孩子养成认真完成作业的好习惯，具体做法如下。

（1）固定做作业的时间。要求孩子每天回家先完成作业，再做其他的事情。让孩子在心中树立学习是第一位的意识。

（2）养成每天做作业的习惯。我校一、二年级不留家庭书面作业，家长可以让孩子每天做30道口算题，练10分钟字，读10分钟书。量小、时间短，有利于让孩子养成每天完成作业的习惯。

（3）培养孩子及时订正的好习惯。一二年级的书写作业都是在课堂上完成的，当老师批改完发下来后，要让孩子自己查看有没有错题，找一找具体错在哪儿，及时订正错题。

（4）养成预习与复习的好习惯。预习是课堂的"前奏曲"，直接影响着课堂教学质量。培养孩子良好的预习习惯，是孩子养成自主学习习惯的重要手段。如语文，可以让孩子借助拼音先自己读课文几遍，把课文读通顺、流利，用老师教过的识字方法记一记课后的生字，画出难理解的语句。英语可以先听一听课文录音。有效的预习能提高学习新知识的目的性和针对性，提高学习的质量。课后复习，能巩固每天所学的知识。复习方法有阅读、背诵、抄写、做练习等，根据孩子的情况和特点采取不同的复习方法，或者根据不同的科目把这些方法有机结合起来。

五、敢于举手发言，做个课堂提问小专家

培养孩子举手发言的好习惯，建议家长从以下四方面来做。

1. 让孩子多阅读

读书多、阅读广，说起话来就能出口成章。要想孩子能与人交流自如、课堂轻松发言、充分发表自己的见解、准确表述思想，平时要多训练孩子的口才。这种训练要与阅读紧密联系起来。对于一年级孩子来说，情节生动、想象奇特、生动有趣的故事是他们读书的好选择。

2. 与孩子多交谈

家长要给孩子创设说话的氛围和机会，要主动与孩子交谈，对他的任何事都感兴趣，表现出极大的热情。让孩子说说学校里的事，如放学回家后询问孩子学校里的新鲜事，课堂上的情况，或者同学

老师怎么样，总之，凡是与他有关的人和事都可以说。这样在不经意间，在看似很平常的询问中就锻炼了孩子的表达能力。

3. 多参加活动

家长要努力丰富孩子的生活，因为生活是发展语言的源泉。丰富多彩的生活可以让孩子的语言内容更丰富起来，让孩子有话说，愿意说。比如，参加校内外的各项活动、观看演出、逛公园、爬山、到各地观光旅游等。活动的一个重要目的在于使孩子在丰富多彩的实际生活中摄取大量有价值的说话材料。

4. 多鼓励孩子

家长要鼓励孩子会一点儿东西就说出来，观察到一点儿东西就说出来，记住一点儿东西就说出来，并及时地给予赞赏。孩子得到大人的欣赏、夸奖，就会越发爱学习，越发爱记忆，越发爱表达。这种激励与欣赏能极大地激发孩子说话的兴趣。比如，组织"家庭演讲会""星期日家庭演讲比赛""邻里间的小朋友演讲会"等形式，以培养孩子的观察、思维、记忆、语言表达等各种能力，并要指导孩子把事情讲清楚，把话说明白，可以对孩子的演讲题目划范围，提要求，但不要限定过多、过死，可通过录音（录像）设备把孩子所讲的过程录下来，再播放给孩子听（看），以提高孩子的兴趣。

六、每天阅读的习惯

家长应该为孩子提供一个良好的阅读环境和氛围，并以身作则，带头阅读。

要着力营造家庭的阅读环境。父母可以为孩子准备一个小书架，摆上孩子自己的图书，并要求他按照书的性质分类摆放，以便日后随手可取，并保持书架的整洁。此外，要和孩子一起阅读。如周末选择一个特定的时间安排读书，全家人在这段时间一起看书，着力营造家庭的读书氛围，有助于孩子养成良好的阅读习惯。

家长可以利用假期带孩子去书店、图书馆感受读书的良好氛围，给孩子办张图书馆借阅卡，鼓励孩子把读书时发现的好词语、好句子、精彩片段摘录下来，并写一些读书的心得体会，背诵一些名篇名句，不断拓宽知识面。

要想让孩子拥有良好的阅读习惯，最重要的是培养孩子的阅读兴趣，家长可从四方面进行尝试。

（一）从朗读、讲故事开始

家长可以在休息日或睡觉前为孩子讲一些生动有趣、吸引孩子的故事，也可以在讲故事的时候故意留下一些"悬念"，让孩子迫不及待地去书中寻找答案。

（二）指导孩子将书中的知识运用到现实生活中

阅读兴趣不是天生就有的，而是孩子通过不断阅读逐渐形成的，需要家长适当引导，引领孩子走上阅读之路。比如，带孩子出去旅游前，先买一本介绍当地景点的书籍让孩子看，让孩子对所玩的地方大概有个了解，等到去玩的时候让孩子做个小导游。这样当别人夸奖他的时候，他就会有一种成功的愉悦感，不仅增强了自信心，还能体会到看书的好处，提高读书热情。

（三）和孩子合看一本书

让孩子讲讲书中精彩的内容，或讲讲他的感想，然后再对孩子谈谈你对这本书的看法，做到有沟通、有交流，和孩子一起为书中的人物欢笑、流泪。还可以全家总动员，各人选书中的一个角色共同表演，这不但可以使孩子对书中的内容印象深刻，还可以培养孩子的表演能力、口头表达能力等。

（四）从孩子最喜欢的书籍入手

家长可以先让孩子阅读他最喜欢的书，让孩子在阅读中产生强烈的兴趣，而不要一味地希望他们看有教育意义的书。作为家长，要将看书当作孩子的娱乐方式之一，为孩子精心选购一些适合孩子阅读的书籍，拓宽孩子的阅读范围，而不是逼孩子去看不想看的书。孩子一旦有了兴趣，自己就会不断阅读，同时也就会发现自己知识方面的欠缺，这时家长就可以引导孩子从教科书中去汲取知识，以弥补这一欠缺，并从中获益，真正实现自主阅读。

第七节 锻炼好身体，度过一年级

吴琳琳　李梓萍　陈柯倩

一、科学饮食

俗话说："早饭吃好，中饭吃饱，晚饭吃少。"这是很有科学道理的。一天的学习活动中，上午的课程比较集中，体力消耗大，需要补充能量。早餐必须吃得有营养，建议吃高热量、高蛋白的食物，如鸡蛋、牛奶等。千万不能不吃早餐，饿得头晕眼花，没精神，严重时甚至很有可能会晕倒，这都是因为不吃早餐而导致血糖降低。中餐一般是一天中进食最多的一餐，所以食物要丰富些。每天的食物尽量多样化，谷类、肉类、豆类和蔬菜应合理搭配，营养全面、丰富。一边进餐，一边看电视、看书或玩玩具，会影响孩子的胃液分泌，分散孩子的注意力，从而使孩子食欲减退。要确保孩子有固定的吃饭时间和地点。就餐时，所有家人应该都坐在餐桌前，关掉电视，安静吃饭。

二、合理饮水

水在人体内有着重要作用。人体所需的营养素和代谢产生的废物，都要靠水来运送和排出。水还有调节体温、润滑、助消化等功能。一般来说，孩子日常通过各种方式每天排出的水分有2000毫升左右（约10杯水）。通常情况下，我们每天能从食物中获得的水只有800毫升（约4杯）。因此，我们每天大约要补充1200毫升的水（约6杯），才能保证机体的良好运转。建议喝煮开后的温水，每天喝6杯，每次慢慢喝，少喝汽水、果汁饮品等饮料，养成良好的喝水习惯。

三、保护牙齿

孩子通常是在6~12岁换牙，正好是孩子就读小学的阶段。建议家长在这一时期要经常观察孩子的牙齿发育情况，并且采取相应的护理措施，以便孩子顺利度过换牙期，长出一口漂亮、健康的牙齿。在换牙期还要特别注意保持口腔、牙齿的清洁。一定要让孩子坚持早、晚刷牙，饭后漱口。请家长指导孩子做到刷牙"三三制"：每天刷3次牙，分别在晨起后、午餐后、睡前，尤其要注重晚上睡前的那一次刷牙；刷牙时要关注牙齿的3个面，唇面（即外面）、舌面（即里面）、咬合面都要刷到；每次刷牙要认真、仔细地刷3分钟，不能仓促了事。

四、保护视力

孩子的视力一定要从小开始保护。在进入小学前，就要检查孩子眼睛的屈光状态及视力是否正常。如果不正常，应该立即配眼镜矫正治疗。在孩子上学后，更要采取一系列的措施来保护视力。

正确的读写姿势。在孩子开始读书写字的时候，就要求他们保持正确的姿势。读书写字的正确姿势是眼离书本一尺（33厘米）；胸离桌边一拳（10厘米）；手离笔尖一寸（3.3厘米）。

读书写字用的桌子不能太高，要使眼与桌面的垂直距离不小于27厘米（眼与书面的距离决定近视程度的大小，连续阅读的时间决定近视发展的速度），最好控制在27~33厘米。

阅读时书本与桌面之间保持30~40度的角度，这时书本的平面与视线成直角，字从这里延伸到视网膜所形成的视角最大，字的影像也就最清楚。连续看书1小时左右要休息片刻。不要躺在床上或走路、乘车时看书。教育孩子不要趴在桌上做作业，那样会加重眼睛负担，引起视觉疲劳，容易引发或加深近视。

认真做眼保健操。学校一般会安排上午、下午各做一次眼保健操。要告诉孩子做眼保健操的重要性，让孩子认真、正确地做操。实践表明，眼保健操同用眼卫生相结合，可以控制近视眼的发病率，起到保护视力、预防近视的作用。

合适的照明方法。不良的局部照明方式严重影响视力。如照明不足、照明过强或照明光线投射位置不当、昏暗动荡的光线等都会影响视力。因此，不论是写作业还是孩子生活的空间，照明方式要合适。预防近视，家长还需要提醒孩子，避免在车上、光线不足或光线强烈的地方看书，看书时光源应均匀地由背后或左斜方投射过来。

加强户外活动。当孩子用眼和学习疲劳时，家长要让孩子适当休息。而孩子的睡眠也要保证，小学生的睡眠时间应为每天10小时。要多让孩子进行户外活动，有利于提高身体素质和抗疲劳能力，同时也能保持健康的视力。

五、科学运动

养成良好的体育锻炼习惯有助于孩子拥有健康的身体、良好的生活习惯，还能增强身体耐力，为学习打下良好的基础。建议家长给孩子提供"运动套餐"，积极正确地引导孩子进行体育锻炼，根据孩子自身状况，选择一些适合孩子的体育运动锻炼身体。家长可以在家里引导孩子选择下面这些体育项目：

适合一年级孩子的体育项目

锻炼目标	运动项目
锻炼上肢	儿童拉力器、儿童哑铃操、公园划船、家庭飞镖、游乐飞盘等
锻炼下肢	登山、疾走、骑车、爬台阶、踢足球、跳皮筋、跳绳圈、踢毽子、负重下蹲、步行20分钟等
锻炼腰腹增力	仰卧起坐、仰卧举腿、坐位体前屈、青蛙跳、呼啦圈等
锻炼全身机能	篮球、排球、舞蹈、乒乓球、柔道、羽毛球、网球、保龄球、健美操、韵律操、放风筝、武术、游泳、徒步上学等

家长引导孩子进行体育锻炼时应做到以下四点。

1. 了解孩子体质与健康状况

家长应该了解孩子是否存在某些运动禁忌等，全面分析孩子的体质与健康状况，从而让孩子有针对性地加强体育锻炼，做到有的放矢。

2. 以身作则带头运动

家长应该通过自身带头来提高孩子对运动的热情。培养孩子对体育锻炼的兴趣，引导孩子观看体育节目，如球类、田径、体操等项目的比赛等，使孩子对体育活动产生兴趣和体验欲望。

3. 督促孩子坚持运动

可以给孩子设置一个运动的时间安排表，制定严格的制度，这样可以很好地安排孩子的运动时间。锻炼要做到平常、经常、恒常，家长要帮助孩子持之以恒。

4. 周末安排休闲运动

双休日时，家长不要把大把的时间放在睡懒觉、逛街、看电视上，应该有计划地安排一些运动，比如，和孩子爬山、郊游等，让孩子选择喜欢的地点一起去游玩。这样不仅可以调动孩子游玩的积极性，还锻炼了身体。在亲近大自然的过程中，孩子的性情会得到很好的陶冶。爬山需要体力，既能磨炼意志，又能提升孩子的身体素质。

六、一年级学生体能检测内容及标准

为了促进孩子健康发展，激励孩子积极进行身体锻炼，养成锻炼的习惯，家长应该与学校配合，进行孩子体质健康测试。

一年级体能测试内容

体重指数（BMI）＝体重（单位：千克）/身高的平方（单位：米）

等级	男生体重指数	女生体重指数
正常	13.5~18.1	13.3~17.3
低体重	≤13.4	≤13.2
超重	18.2~20.3	17.4~19.2
肥胖	≥20.4	≥19.3

等级	肺活量（毫升） 男	肺活量（毫升） 女	50米跑（秒） 男	50米跑（秒） 女	坐位体前屈（厘米） 男	坐位体前屈（厘米） 女	1分钟跳绳（次） 男	1分钟跳绳（次） 女
优秀	1500~1700	1200~1400	10.4~10.2	11.2~11.0	13.0~16.1	16.0~18.6	99~109	103~117
良好	1300~1400	1000~1100	10.6~10.5	11.8~11.1	11.0~12.0	13.4~14.7	87~93	87~95
及格	700~1240	600~960	12.6~10.8	13.8~12.0	0.0~9.9	2.4~12.3	17~80	17~80
不及格	500~660	500~580	13.6~12.8	14.8~14.0	-4.0~-0.8	-1.6~1.6	2~14	2~14

如果孩子体重超重或者偏轻，建议日常生活中注意膳食平衡，按时作息，积极参加体育运动。

坐位体前屈如果不达标，建议平时多进行柔韧性练习，如横纵叉、立位体前屈。练习时先小幅度进行，再加大练习幅度，避免拉伤肌肉及韧带。

1分钟跳绳要注意坚持每天适度练习，可根据孩子实际规定每天练习次数。考试要求是双脚齐跳，练习时也要注意脚不能轮换。

有的孩子是手臂甩绳，比较费力而且速度慢，要练习用手腕甩。

　　增强肺活量，可在平时多做练习，每天慢跑，游泳，吹气球都是有效的方法。跑步的过程中一定要注意呼吸节奏的调整，慢跑到最后可以冲刺最后 100 米或者 50 米。吹气球一定要吹到吹不出气了为止，只有这样锻炼才能有一定的效果。

第二章

七色花开——陪伴孩子平稳进入四年级

第一节　度三年级，爬分水岭

梁　玥

三年级不仅是低年级到中高年级的过渡阶段，还是小学阶段学习的爬坡期。教育界常常把三年级称为"马鞍阶段"，意思是说，三年级的孩子各方面都是起伏不定的，时好时坏，这其中很重要的一点就是指：进入三年级后，很多同学的成绩会像马鞍一样，起伏不定。

在一、二年级的时候，因为需要学习的知识不是很多，课程不是很难，大多数孩子只要稍微用心基本上都能拿高分，但随着升入三年级，知识量开始增多，各科内容也开始有了难度，一些孩子并不能快速适应三年级生活，这也就造成了刚刚升入三年级的孩子成绩起伏不定的现象。

除此之外，家长的教育态度，也会对孩子产生非常重要的影响。三年级作为中高年级和低年级的分水岭，孩子在这个阶段自我意识开始觉醒、思维能力开始发展，有了自己明确的喜好，因此常常会表现出自我意识强、自我调节能力差等问题。他们开始注重自身的感受，开始对家长的意见进行一些必要的思考，开始渴望尊重……家长们在日常和孩子相处的过程中，要认同、理解孩子的感受并鼓励他前进。帮助孩子更好地度过这个过渡期。

我们都有过这样的经验：当家长被焦虑情绪控制的时候，他们会以孩子成绩好坏为出发点，很难心平气和地帮助孩子找方法、解决问题，相应地，他们对待孩子的成绩变化往往会表现得比较偏激，一旦孩子成绩不如意，就会对孩子进行训斥。三年级的孩子自我意识开始觉醒，自尊心开始萌芽，他们更渴望被尊重和理解，如果因为孩子的成绩而没有耐心，一次次地训斥，无疑就是向孩子传达了这样一个信息：你天天想着玩，根本就没有用脑子去学习。在这样的信息反复刺激之下，孩子即使想要努力学好，也不是一件容易的事。

孩子还小，可塑性极强，家长不能因为他一次考试成绩不如意就下"你学不好了"这样的定论。心理学上有一个暗示效应，也就是说你暗示孩子是怎样的人，孩子就会成为什么样的人。家长如果总是说自己的孩子不好，说孩子笨，就是在不断地暗示孩子，他是学不好的，他是没有学习天赋的。长此以往，孩子会变成什么样子也就不言而喻了。那么，家长们到底该怎么做才能帮助孩子顺利地度过三年级这个从低年级到中高年级的转折期呢？一位家长对此深有体会：

> 扬扬上三年级后成绩开始起伏不定，成绩单经常惨不忍睹，我和孩子的妈妈虽然也很为孩子着急，但是我们知道，如果我们的方法不对头，不仅对孩子的学习没有帮助，还可能会伤害孩子学习的积极性。
>
> 于是，我和妻子约好，对孩子的成绩采取宽容的态度。即使孩子考得再不好，我们也不责骂他。比如，前段时间，扬扬放学回来，忐忑不安地把成绩单交给我，等待我的训话。望着成绩单上那让我失望的分数，我并没有批评孩子，而是平静地跟他说："爸爸知道你这次没有考好，心里很难过，爸爸不会批评你的。"我边说边拿着扬扬的成绩单分析道："扬扬这次考了70多分，排在扬扬前面的有20多个人，那么扬扬下次只要努力一点点就能超过好多人了，是不是呢？"扬扬看着我，很认真地点点头："爸爸，我下次一定超过很多人。"

三年级的孩子，他们已经懂得自尊和自卑。当他考试不如意的时候，他自身就已经非常难过了，这时家长再对他进行呵斥、惩罚，无异于雪上加霜，让本来心情糟糕的孩子情绪更加低落，孩子更可能因为父母对自己的不理解，产生逆反心理，更加不愿意学习。从这点来说，作为三年级孩子的家长，当你的孩子成绩不尽如人意的时候，请记住，不要批评孩子，哪怕他考了倒数第一。孩子需要的是一个认同他的感受、理解他的心情、鼓励他前进的人，而不是一个只会指责他的人。

第二节 承"低"启"中"，关注过渡

倪越洋

我们常说，三年级是道"坎儿"。三年级是小学阶段很重要的转折期，对孩子的一生有很大的影响，那究竟"转"在哪里呢？

"转"在生理和心理特点变化明显，是培养学习能力、情绪能力、意志能力和学习习惯的最佳时期。

"转"在孩子从一名儿童成长为一名少年，逐渐有自己的主见。

"转"在孩子的情感发展由易变性向稳定性过渡，从情感外露、浅显向不自觉内控、深刻、自觉发展。

"转"在从被动的学习主体向主动的学习主体转变。三年级在小学阶段处于承上启下的特殊位置，孩子们身上开始显现出一些明显的阶段特征，比如，孩子上一、二年级的时候，上课特别积极，放学回家立刻写作业，他们往往不用家长督促就能自觉地完成学习任务。可一到三年级，情况就完全变了，孩子没有那么听话了。放学回家他们做的第一件事要么看电视、沉迷游戏，或者拿着漫画书看

个不停，他们对写作业和学习没那么主动了。家长们不禁开始疑惑：孩子为什么会这样呢？其实，这与孩子所处的不同年级阶段有关。孩子之所以在一、二年级特别好学，那是因为他们对于学校和学习还有着一种新鲜感，这种新奇的感觉能够给他们带来快乐。可经历了两年的学习生活后，孩子们对学校和学习的新鲜感渐渐淡去，熟悉的流程、单调乏味的生活渐渐让孩子感到无趣，自然也就对学习兴趣不强了。他们甚至开始会试探大人：我为什么要学习？为什么一定要写好作业？学习不好能怎么样？家长们若是不能给予足够的关注，任其自由发展下去，这些苗头很可能在小学中高年级发展为更大的问题。

第三节　了解自我，快乐成长

倪越洋

小学阶段是小学生长身体、长知识、长智慧的时期，也是其道德品质与世界观逐步形成的时期。他们面临着生理与心理上的急剧变化，加之紧张的学习，很容易产生心理上的不适应。

三年级学生一般有以下心理特点。

一、好的愿望与心理准备不足

几乎每个小学生都有美好的愿望，对未来充满向往。他们幻想做一个有学问、受人尊敬的人，而实际上他们往往学习不努力，过一天算一天。虽然他们的愿望是美好的，但追求的全是实现理想后的种种荣誉与享受，而对实现理想需要从现在做起，需要付出艰辛的劳动却想得不多，做得不够，形成了美好愿望与行动准备的矛盾。他们在接受别人的评价中能发现自身的价值，产生兴奋感、自豪感，对自己充满信心；有的还表现出强烈的自我确定、自我主张，对自己评价偏高，甚至有时目空一切，容易导致自负的心理。相反，有的孩子由于成绩不良或某方面的缺失，受到班级同学的歧视，往往对自己评价过低，对自己失去信心。

二、情感与理智的不协调统一

小学阶段的学生容易动感情，也重感情。一方面，他们充满热情和激情；另一方面，他们的情感又极易受外界影响，易冲动。这说明他们的情绪、情感处于大起大落的两极状态，难以及时地用理智控制。从三年级开始，学生进入少年期，此时有些学生会出现一种强烈要求独立和摆脱成人控制的欲望，因此他们的性格特征中也会表现出明显的独立性。同时，随着年龄的增长，他们对外部控制的依赖性逐渐减少，但是内部的自控能力又尚未发展起来，还不能有效地调节和控制自己的日常行为。

三、进取心强与自制力弱的矛盾

小学阶段的学生大部分是有积极向上的进取心的，这与他们求知欲、自尊心和好胜心强是分不开的。但他们思考问题不周密，往往带有浓厚的感情色彩去看待周围的人和事，因而有时片面坚持己见，不能控制自己，凭冲动行事，事过之后又非常后悔。他们喜欢与伙伴共同游戏、学习，但情绪很不稳定，容易激动、冲动，常为一点小事面红耳赤，而且情绪变化极大，并且表露在外，心情的好坏大多数从脸上一望便知。这一切都说明他们意志品质的发展还不成熟，自制力、控制力不强。

三年级学生在学习方面的一些特点：

常听有些家长说：我孩子一、二年级一直考九十九、一百分，怎么到三年级只有九十来分、八十几分了？的确是这样，三年级是一个两极分化的阶段，由于学习内容多了，难度大了，孩子要保持高分，需要花费更多的力气，付出更多的努力，如果马虎的话，成绩很容易大幅下滑。家长和老师需要密切配合抓住这关键的一年，让孩子养成踏实、勤奋的学习态度，这样一般成绩不会下滑，而且这一年保持了良好成绩的话，小学阶段以后几年的学习会变得更加顺利。相反，如果三年级成绩滑下去了，那基础肯定不会扎实，以后的学习也会越来越困难。

三年级学生在交往方面的特点：

三年级的学生与同伴的友谊进入了一个双向帮助阶段，他们对友谊的认识有了提高，但还具有明显的功利性特点。他们的择友标准也在发生着变化，往往把学习的好坏当作衡量人的能力的标志。一、二年级的时候，孩子在外面见到什么事或者自己做了什么事回家都要讲给大人听，大人不听还不高兴。但是到了三年级情况就发生了变化，一部分学生不愿意把在外面发生的事讲述给家长，有时自己经历的事也不告诉家长，显示出独立的个性。并且此时父母对他们的要求也从以"听话"为标准上升到以"学习好，能力强"为标准，而对他们的照料和关注则比以前要减少许多，因此父母与孩子之间的沟通常被忽视，矛盾与代沟开始出现。

针对三年级学生的这些特点，建议家长多花些时间陪孩子，多做一些沟通和交流。心理学家对几千个学生进行调查，结果发现：与父母在一起时间多的孩子，在学业成绩、能力素质和品德发展等各方面明显优于与父母在一起时间少的孩子。

第四节 巧妙引导，主动学习

倪越洋

大家都知道，小学一、二年级所学的知识点是小学阶段里最少的、最浅显的，孩子不用费特别大的力气就能学会。一、二年级是孩子行为习惯养成的关键时期，是孩子可塑性最强的时期，也是形成良好学习习惯的重要阶段。学习习惯的良好与否，很大程度上决定了孩子三年级成绩调整和分流的结果。三、四年级是孩子由依赖父母到自立能力增强的转型时期，会开始主动积极地接受知识。而五、六年级是孩子自主、全力吸收知识的时期。作为家长，在这个阶段能做的就是多给孩子提供优良的学习空间与条件，借助书本给孩子传递丰厚的知识。

在孩子升入三年级以后，课业难度开始加大，家长如果还是一成不变地充当帮助孩子解决问题的角色，无疑就会让孩子对家长的帮助更加依赖，更加不愿意动脑筋。这样下来，当他再碰到困难的时候，首先想到的不是自己动脑筋去解决，而是寻求父母的帮助。所以在孩子开始上三年级的时候，家长就需要完成角色转换，不要再做孩子问题的"清道夫"。

那么，我们到底该怎么完成角色转换呢？

一、引导孩子树立明确的目标理想

有经验的老师都会发现这样一个现象：凡是那些主动积极的孩子都有着自己明确的目标，知道自己要达到什么成绩或什么程度；而那些学习消极被动的孩子，则多是生活混混沌沌，没有学习目标和学习方向。

生活中，我们都有这样的体会：为自己设定了一个目标之后，我们往往就会朝着这个目标一往无前，干劲儿十足；当生活失去了目标，我们则往往会过得比较混沌和迷茫。正因为如此，家长帮助孩子树立一个目标或理想才显得至关重要。

当然，家长在帮孩子树立理想或目标的时候，还要注意这样两点：

第一，家长帮助孩子树立目标或理想的出发点是孩子的兴趣、爱好，只有从兴趣、爱好出发才能保证孩子对理想或目标保持持久的热情。

第二，家长要注意，不要一厢情愿地为孩子树立理想和目标。家长强加给孩子理想、目标，只会让孩子更加厌烦，认为学习是给家长学的，从而适得其反。

家长能够做到这两点，就能很好地帮助孩子养成主动学习的习惯。

二、帮孩子建立自信

很多时候孩子在学习上的不自信，并不是因为孩子真的不会解某道题目，而是因为缺少一个肯定。三、四年级正处在小学阶段重要的转折期，孩子对这个世界充满了好奇和怀疑，这其中就包括对自身能力的怀疑。这时候，家长的赏识教育往往能起到意想不到的成果。

除了赏识教育能帮助孩子建立自信以外，还有就是掌握科学的学习方法。面对难题不自信、害怕，根本原因是没有掌握解决此类问题的根本方法，所以对课堂上老师传授的方法要认真听，同时要学会举一反三，灵活地运用知识，题目"百变不离其宗"，掌握了方法，就能将难题转变为做过的、熟悉的题目。家长要想办法让孩子体验成功，逐步养成探索精神。在家辅导孩子的时候，不要将答案完全告诉孩子，要有意识地将题目分成几个步骤进行，这样可以降低难度，让孩子一步步完成，及时肯定他的成功，让他产生满足感。

这样伴随着孩子愉快的情绪体验，他会进而产生进一步学习的愿望，慢慢会消除对难题的恐惧感。

三、给孩子找一个竞争对手

说起孩子主动学习和被动学习的问题，有些被动学习的学生会表现为老师或父母在身边陪着就会学习，一旦大人不在身边就不会主动学习，这种学习上的依赖和被动会造成很多学习上的问题。

不少家长都有这样的担忧：孩子八九岁的年龄，对学习的重要性似懂非懂，在学习上还不知主动上进、不能严格要求自己，经常是放学就知道玩，家长不管，就不知道自己学习。中年级这么重要的一个阶段，孩子要是不能养成主动学习的习惯，那么今后的学习生活无疑会非常被动。

那么，有什么好办法，能让孩子主动起来呢？

孩子到了三年级的时候，他们已经适应和熟悉了学校的集体生活，在集体中他们自尊、自我意识已经开始萌芽，他们强烈地需要得到别人的肯定和认可。家长在这个时候适时对孩子加以引导，在生活中寻找合适的机会让孩子认识到、注意到身边的榜样，激起孩子的好胜心，这样孩子就能自发地去学习。

当然，家长在这样做的时候，一定要注意分寸，不要因为刺激过度让孩子产生自卑或者嫉妒心理；竞争对手的选择也一定要和孩子水平差不多，不要选择和孩子相差太多，让孩子觉得高不可攀的人，否则只会挫伤他的积极性。

第五节 循序渐进，有章有法

华珊茵

三年级在小学阶段，是低年级到中高年级的过渡阶段，也是小学阶段学习的爬坡期。进入三年级之后，知识量开始增多，各科内容也开始有了难度，一些孩子并不能很快适应，就会出现成绩起伏不定的现象。

那么，家长在辅导和帮助孩子学习的时候，要关注哪些问题呢？

一、复习巩固和预习同步进行

上了三年级，需要孩子们掌握的内容比一、二年级的时候多了很多，学习任务量加大、难度增加，孩子们只靠单纯地听课、写作业的学习方式显然已经不能适应新一阶段的学习。因此，改变孩子旧有的学习方式才能让孩子更快地树立在学习上的自信。孩子除了每天完成老师布置的作业，及时巩固、消化当天的知识内容，还有一个最重要的学习方法——预习。三年级孩子学习成绩下降，不能适应每天学习的节奏，大多是因为课程难度增加，听课不能理解的内容增多了。而在学习过程中加入预习这一项，恰恰可以帮孩子对老师所要讲述的内容提前做一个了解，做到心中有数，听课的时候也就能化被动为主动，积极投入。家长若是能够及时引导孩子将老师要讲的内容在孩子的脑海中提前进行一个铺垫，那么孩子在听课的过程中就会少一些畏难情绪，在学习的时候也就轻松多了。孩子用这种方式慢慢适应三年级的学习，成绩提上去便是早晚的事了。

二、提升阅读能力，为所有学科打好基础

低年级时，不少家长就已经着手培养孩子的阅读习惯，但是往往会有不少这样的情况：第一，很多孩子读书不是读给自己的，一方面是装给老师和家长看的，希望受到表扬；另一方面是装给自己看的，纯粹为了完成任务。第二，孩子读书走马观花，只关注情节发展，读完就忘了，语言方面也没有积累到什么。所以三年级孩子写作文就开始犯难了，写作文总是像"挤牙膏"，总是感到没话说，或者内容空洞，语言苍白。

经常听到有家长说："我们家孩子也看了很多书，为什么写作文还是没有提高呢？"读书质量不高便是原因，那么，究竟是孩子在装样子，还是确实不会做积累呢？一个是态度问题，一个是能力问题，要区别对待。

有什么好办法可以改变现状呢？

家长与孩子一起阅读、一起聊书。家长要引导孩子选择适合自己年龄特点的好书来读，经典名著、获奖图书都可以成为孩子的"营养大餐"，也可以为孩子购买、订阅合适的报纸杂志，避免花时间在一些"垃圾食品"类的图书上，比如，流行文学、漫画类图书等。还有重要的一点，就是创设一个温馨的阅读环境，全家一起养

成看书、读报的习惯。被文化浸润的家庭，孩子自然而然爱读书、会读书。如果家长能够和孩子共读一本书，读后和孩子一起探讨书本内容、分析人物形象，或者谈谈自己的看法，那么孩子在逐渐形成价值观、世界观的过程中指向性会更明确。这样做不仅能让孩子对读书更有兴趣，还能促进亲子关系。如果孩子不太注意积累，家长在聊书过程中可以指导孩子特别关注书中的好词好句，一起大声朗读语言优美、引人启迪的段落，或者专门准备读书笔记本来记录整理。

家长要注重鼓励孩子自主积累语言。除了可以引导孩子在读书过程中，积累一些名人名言、经典古诗词、儿童诗歌等，还可以引领他们做生活中的有心人，比如，从互联网上查阅资料，做实验或者咨询别人，在旅游或外出时留心观察并做记录。这样既丰富了孩子的见闻，又帮助他们获取了真实生动、记忆深刻的素材。这样经过长期的积累和内化，孩子的语言资料库会不断完善，写作时遇到的障碍也会大大减少，作文自然也能生动起来。

三、让孩子爱上写作

大家都知道，孩子们在刚刚接触一样东西时都会有新鲜感，对写作也是一样，之所以后来会出现畏难的情绪，大多是因为他们在刚刚起步的时候就遭到了挫折，没有建立起写作的信心。因此，明白了这一点，我们在对三年级孩子进行写作能力培养的时候就要抓住这样一个要点：对刚接触写作的孩子要求不要太苛刻，尽量放大他们的优点。教学经验丰富的语文老师通常会特别留意一些对写作没有信心的孩子，抓住孩子一个词、一句话的优点去放大，夸张地、不断地进行表扬。这样一来，孩子怎么会对写作文不感兴趣，怎么会没有信心呢？

三年级的孩子自我意识已经觉醒，外界对他的态度往往能够左右他的思想，如果外界对他不够重视，他可能就会觉得自己是无关紧要的，从而对自己放任自流；如果外界给予他足够的重视和鼓励，他的心里就会产生一种被人尊重的满足感，从而更加严格地要求自己。正是从这一点上说，家长在日常培养孩子写作能力的时候，不妨多找找孩子作文中的优点，哪怕是一个词、一句话，多给他一些鼓励和支持，相信孩子在接受这些信息的过程中就能慢慢对自己充满信心，逐渐爱上写作。

孩子有了写作愿望后，写些什么呢？下面的例子可以为我们提供一些参考：

儿子上三年级了，一提起写作文就头疼。于是，我决定从写日记抓起，帮助儿子把写作能力提上去。

对于写日记，儿子也是从心里抵触的，不愿意写。

一天，我别出心裁地跟儿子说："别人的日记都是记发生过的事，浩浩可以记一些没有发生的事情，对未来进行一下设想，比如说，我们明天去游乐园玩、后天去姥姥家……只要浩浩写得合情合理，咱们就去把它实现，怎么样？"儿子似乎对我这个提议很感兴趣，答应了每天写日记，并且为了实现未来的愿望，儿子总会尝试着多角度地把日记写得合情合理、精准到位。在这样用心写日记的过程中，儿子的写作能力也得到了极大的提升，再也不怕写作文了。

这位家长的方法不失为一式妙招：让孩子写"未来日记"，不仅能激起他的好奇，还能因为孩子想要做成某件事或得到某件东西的情绪特别强烈，在写的时候，就会不自觉地加入自己的感情，这样写出来的日记就会既富有真情实感，又有一定的合理想象。孩子长期坚持写"未来日记"，一方面能够在心里不断地暗示自己向着某个目标努力，另一方面在一次一次设想未来的过程中，孩子也能够渐渐构筑一些宏伟的未来场景，对于激励他奋发向上也有一定的好处。

学习是个循序渐进的过程，科学、行之有效的学习方法是可以让孩子走捷径的。提高了学习效率，学习也会变得轻松。有了家长的有效陪伴和引领，迈过三年级这道坎，那么孩子在今后的学习生活中将会游刃有余。

第六节　听说有趣，读写有章

蔡卫光

教学过程中，有这样一个现象：在刚刚开始接触英语课的时候，很多孩子都对英语充满好奇，但过不了多长时间，孩子们的积极性就会减了许多,对学习英语没有多少兴致了。

其中的原因何在呢?有几位家长的回答很具有代表性:

> 我每天都会帮孩子检查功课,每天都学了什么,让他给我读一读。

> 我总是尝试着让孩子将生活中的一些日用品用英语表达出来,帮助他练习。

> ……………

家长们的答案五花八门,似乎个个都为孩子学习英语费尽了心机,然而他们并不知道,他们的方法对于孩子学习英语来说,不仅没有半点好处,而且还很可能打消孩子学习英语的积极性。

为什么这么说呢?孩子刚刚接触英语,有的也只是对英语的一些好奇,但家长过分关注的态度,则会让孩子对这门课程产生这样的想法:英语是不是很难学?英语是不是真的很重要?孩子的脑袋中产生了这样的想法,无疑就会给自己加上沉重的思想包袱,在学习的过程中就会产生一定的畏难情绪。

三年级,作为孩子学习英语的转折期,具有十分重要的作用。一旦孩子在这个时期产生了上述情绪,对他的学习生活所产生的影响是不可估量的。

为什么这么说呢?

第一,三年级的孩子从智力和知识上已经具备了比较强的语言学习能力。一方面是因为三年级的孩子,即 10 岁左右,大脑智力发育已基本完成；另一方面是因为通过长期的母语学习后，他们对语言的理解力、事物的理解力以及知识的储备，已经足以开始学英语了。

第二，从小学入学到高中毕业，三年级是开始正式英语学习的最佳时间。一方面，三年级孩子从能力上已经具备了学英语的基础。另一方面，从课业安排来看，小学三年级较之四至六年级尚处在学业比较轻松的阶段，只有语文和数学两门主课。这时候开始正式学英语，学生在学习时间上和精力上都比较充裕。

如果能从三年级开始，用三、四年级两年的时间，在其他课程相对较轻松的时候，认认真真、踏踏实实地学英语，那么从小学五年级开始，孩子的英语学习能力就会强许多，这个时候就可以将更多的时间用来学习其他课程，轻松应对小升初问题。

了解到这些，家长就应注意在日常生活中该如何做，才能真正帮助孩子学好英语，而不是让他畏惧英语、厌倦英语。

一、充分调动孩子的好奇心

孩子在刚刚升入三年级时，对学习英语还是抱着极大的兴趣和好奇心的，之所以会在后来的学习过程中兴趣淡了下来，很大程度上是因为在家长或老师不正确的教学方式的作用下，好奇心消失了。所以，想要孩子学好英语，就先要注意保护他的好奇心。

一位有经验的小学三年级英语老师是这么做的：

第二章 七色花开——陪伴孩子平稳进入四年级

我非常清楚第一堂课对孩子们有多么重要。每一位学生对第一节英语课都有着美好的期待和好奇，因此我在上第一节英语课的时候，总是尽量满足学生的期待。比如，三年级英语教材的最前面有一张常见的与生活相关物品的彩图，孩子们大多对这些常见物品怎么用英语表达充满着好奇，而我也总是试着从简单的词语入手来满足孩子们的好奇，如 sofa（沙发）、hamburger（汉堡包）……在我示范后，他们会发现英语其实很好说也很好记，原来英语早已融入他们的生活。这不仅满足了孩子们对学习英语的好奇心，还让孩子们觉得学习英语并不是那么困难。

相信家长们也有这样的经验，当你的孩子对什么东西充满好奇的时候，即便你不要求他做什么，他也会情不自禁地去探索。其实，在孩子学习英语的过程中，家长只要懂得呵护孩子的好奇心，就能很好地帮助孩子建立起学习英语的兴趣。就像例子中说的一样，刚刚接触英语单词的孩子看到书上有自己熟悉的日用品，必定想知道这个东西用英语该怎么表达，老师在恰当的时机用恰当的方式满足了他们，让他们心中产生"我能行"的自豪感，他们在学习英语的过程中就会多几分自信。

或许有的家长会说："我不是英语老师，我自己英语都不怎么好，还怎么来教孩子，呵护孩子的好奇心呢？"其实，这个问题并不难解决。

我们来看看有这样一位妈妈，她也并不懂得英语，在培养孩子

英语学习的兴趣时,她是这样做的:

> 女儿上三年级以后开始正式学习英语,我能看出她对学习这门课的兴致很高,但我却是个"英语盲",如何让女儿对学习英语的兴趣不减呢?
>
> 在带女儿一起逛书店的时候,我发现女儿经常会站在一些英语类的音像制品前看得津津有味。我灵机一动,虽然我不会说英语,但书店这些英语类的音像制品可是最好的教材。于是,我挑选了几张比较简单的英语光盘,买回家给女儿看。结果,这孩子常常跟着光盘上的领读,说起来没完没了,很是兴奋呢!

看!这位妈妈的做法多聪明,即使自己不懂英语也完全可以激发孩子学英语的热情。其实,在实际生活中,家长只要注意发现,这种机会有很多,比如,让孩子听听英文儿歌、看看英文版卡通剧等,都能够既保持孩子学习英语的好奇心,又能让孩子在快乐中学到知识。

二、喊出来的"疯狂"英语

一次偶然的机会,一位三年级孩子的家长曾跟我说了这样一句话:"孩子很喜欢学英语,但却从来不肯开口说,你说我该怎么帮助他呢?"

这位家长说的情况,在老师们日常教学过程中也经常能够碰到:

很多女孩子学习英语只停留在会写、会用,却很少有人开口去读、去说,这也就造成了中国的孩子往往学到的是"哑巴"英语。

很多老师也曾为此苦恼:孩子们为什么就不开口来说英语呢?来听听孩子们的心声吧:

"我念一遍老师说不正确,再念一遍还是说不正确,我不知道该怎么念,干脆就不念了!"

"我在家说英语,妈妈总说我瞎显摆,那我就不说,行了吧!"

孩子在三年级的时候,正是自我意识的萌动阶段,家长和老师对他的看法往往影响着他的学习热情。在家长和老师一次次地否定后,这些敏感的孩子开始选择一种最为稳妥的方式来保护自己的自尊,那就是不说。

但我们要明白这样一点:学习英语不开口去说,是永远也学不好的。英语作为一种与人进行交流和沟通的技能,与其他很多技能一样,要想熟练掌握和运用它就必须进行大量的练习,而这个练习的过程不单包括听、说,更包括读、写。相信大家都有这样的经验:我们开始学说话的时候,往往是磕磕绊绊的,但随着我们说得越多,掌握的词汇量也就越来越多,话也能说得越来越流利。英语作为一种语言,和汉语其实是一样的,也需要我们去说、去练,才能牢固掌握,进而运用自如。

明白了这一点,在孩子学习英语的过程中,家长就要注意鼓励孩子大声地读出来,错了也没关系,可以慢慢纠正,但绝不要因为怕错,就阻止孩子去读。

下面这位家长的做法很值得大家借鉴。

> 女儿双双上三年级后开始学习英语,但我却发现女儿学习英语的方法存在致命的错误。她只是每天背背单词,听听磁带,却从来不开口说。我知道,听、说、读、写作为学习英语的四道程序,少了哪个都不可能学好英语。看女儿不肯开口说英语,我心里很着急。
>
> 一个周末,女儿过生日,我给女儿买了一个蛋糕回来,女儿望着蛋糕,小嘴张了张,似乎想到了什么:"Cake!"看女儿张口说出了英语单词,我心中动了动,切下一块蛋糕,递给女儿道:"A piece of cake!"女儿歪着头看着我说:"A piece of cake?"我点了点头,说道:"一块蛋糕。"女儿望着蛋糕笑了笑,重复道:"A piece of cake!"就这样女儿掌握了一个新的词组,并且因为我说这个词组的时候,手中拿着蛋糕,女儿对此印象更是深刻了。
>
> 从那以后,我总会时不时地创造机会让女儿开口说英语,比如,我会拿着苹果说"apple",拿着香蕉说"banana"……久而久之,在我的熏陶之下,女儿也开始大方地讲英语了。

家长在引导孩子开口说英语的过程中,要特别注意一个要点:

你如果能准确地说出英语再给孩子说，如果不能准确地说出，最好让孩子直接跟着录音机读说，在重复"喊出"英语的过程中，他就能慢慢纠正一些错误，这更能保证孩子的英语学习少走弯路。

三、容许孩子犯错

就像我前面提到的那样，很多孩子后来之所以会对学习英语没有了兴趣，就在于家长和老师的"容错性"太差，孩子在学习的过程中出现一点错误，家长和老师就会急忙喝止。这种做法是非常不科学的，对孩子学习英语来说没有半点好处。

一家少儿英语培训机构工作的老师说过这样一个例子：

> 他们有一首英语儿歌是这样的：Found a peanut（发现一颗花生）……可孩子们学到这首歌时总是唱："放个屁呀……"

面对这种局面，大部分的家长都会制止他们，不许他们这样唱，这样久而久之，孩子们在英语学习方面的新鲜感也就会被压下去了。

其实，家长们应该好好想想，当孩子们学习一种新语言时，运用了自己母语中的某种东西，可能这种运用是错误的，但我们不能否认，他们在接触这些新词汇时是动了脑子的，而且是愿意尝试的。在这种情况下，我们需要做的不是制止，而是引导。

这位老师就是这样引导的：

> 真是像呀，跟"放个屁"像极了！再说花生吃多了也

是会放屁的。不过这歌咱们之间唱谁都明白，可要是真的唱给外国人听，可就没人明白了，因为它真的不是"放个屁呀"，而只是跟这个音有点像。所以我们还是得把每个音读准、唱准才比较好。

因为她的"容错性"较高，能够循循善诱地引导孩子们，所以她班上的孩子学习英语的热情一直都很高。

家长们在培养孩子英语学习能力的时候，要提高自己的"容错性"，允许孩子犯错误。当然，这并不是说对孩子的错误放任不管，而是要将孩子从歧路上引回来，而又不打消他学习的热情和兴趣。

第七节　家长助力，快乐学习

陈丽芬

一、让孩子感觉学习是快乐的

很多中年级孩子的家长曾经抱怨，孩子上了中年级后，经常看到他们愁眉苦脸，动不动就说"烦死了"，现在的学习真的这么难吗？让我们来听听这些四年级孩子的心声吧。

一回家就让我学习，一进门就让我看书，爸爸妈妈是真的想累死我！

> 整天除了看书就是看书，爸爸妈妈嘴里就没有别的词儿，烦死了！
>
> 看书，学习，学习，看书，这日子，什么时候是个头儿啊？

还只是小学中年级的孩子，居然已经发出这样的声音，孩子对学习的厌烦已经到了什么程度，由此可见一斑。

或许有的家长会为此叫冤："我们这样做也是为了孩子好啊，他如果不好好读书，怎么能够取得好成绩，怎么能有好的未来呢？"

不可否认，家长的话有一定道理，其出发点也是为孩子好，但是方法不对头，也就难以取得满意的效果。家长一个劲儿地催促孩子学习、看书，在无意间就向孩子传达了这样一种思想：学习是一件辛苦的事。当孩子被这样的思想包袱所累时，还怎么可能会爱上学习？成绩怎么可能会好？

基于此，家长的第一要务就是让孩子感觉到学习是一件快乐的事情，让孩子自主自发地去学习，而不是消极被动、服役似的去学习。

一位聪明的家长做到了这一点，可谓是受益颇深：

> 女儿小青升入四年级之后，课业压力变大了，渐渐出现了厌烦的情绪，似乎学习是一件很痛苦的事情。看到女儿这样的表现，我暗暗心急。怎样才能让女儿爱上学习、快乐学习呢？

一天放学，女儿刚进家门，我就虚心求教孩子："小青，最近妈妈碰到一个问题，你帮妈妈解决一下好不好？"

女儿一脸不解地看着我："妈妈都解决不了的问题，我能解决吗？"我点点头："小青刚刚学过这些东西了，一定能帮助妈妈的。"看女儿迷惑地看着我，我拿出一张简单的英文说明书问："帮妈妈看看这个单词是什么意思？"

女儿半信半疑地伸过小脑袋，"water，水！"女儿眼睛一亮，很自信地告诉我。

我"恍然大悟"道："哦，原来是这个意思啊！"

女儿看我一脸高兴的样子，似乎也为自己能够帮到我感到自豪，小脸慢慢涨红了："妈妈，我还知道这句话的意思是一天吃三次。"

我赶紧附和道："是啊，小青懂英语真好，你要好好学习，妈妈以后还有很多问题会请教你呢！"

看我对她如此重视，女儿郑重地点点头。

与其干巴巴地对孩子说教，不如让孩子自己领会应用知识解决问题的乐趣，当孩子在运用知识的过程中，享受到了知识带给她的好处，也就会慢慢爱上学习。就像例子中的妈妈一样，虚心向孩子求助，当孩子觉得自己能够帮助妈妈解决困难的时候，也就能深刻感受到学习带给她的快乐和满足了。

（一）尽情地玩，才能用心地学

在和一些中年级孩子交流的过程中，孩子们普遍反映了这样一个问题：升入中年级以后，爸爸妈妈对我们管得越来越严格，放学要求我们赶紧写作业、看书、温习功课，一点儿都不给我们玩的时间，每天都过得好没意思。

关于这一点，一位家长体会颇深：

> 我的儿子皓皓上三年级之后，开始变得不合作起来：让他去写作业，往往是磨磨蹭蹭半天都不动；让他看会儿书，也会拖好久。每当这个时候，我就非常生气地教训他，让他去学习。碍于我的威严，儿子倒是会乖乖地去学习，但是学习效果往往不佳。

中年级的孩子，正是自尊意识、自我意识萌芽的时期，此时的孩子已经有了自己的理性思维能力和分辨是非能力，如果家长不顾及他们的感受，强迫孩子停下他所喜欢做的事情，按照你的要求去做，结果只会让孩子心生逆反，不愿合作，和家长对着干。就像例子中的孩子一样，他的心里就会认为学习是为家长学的，是痛苦的，在学习的时候也就会心不在焉，敷衍了事。更因为自己玩的心理得不到满足，做事情的时候更是马马虎虎、精力不集中。

明白了这些，家长在日常教育孩子的时候，就要注意，不要总是怕自己的孩子玩起来没完没了，给予孩子玩的时间，当他尽兴做完一件事情之后，才可能会全心全意去做另一件事情。家长们都有这样的经验：当我们一门心思地想做什么时，如果有人打断我们，我们心里会十分不快，对别人的要求也会非常不愿意配合。大人们尚且如此，何况还只是八九岁、玩心很重的孩子？学习讲究的是一心一意，需要高度集中精力，玩与学分开，玩的时候痛快玩，学的时候专心学，这样才能把学习搞好。只有这样，孩子才不会因为心中有所牵挂而学得三心二意，学习才能更见成效。

（二）学习的过程比结果更重要

在教学过程中，我发现有这样一部分学生：他们平时学习很努力，但一到考试前，这些学生就会表现得非常异样，不是头疼，就是肚子疼，看到课本就紧张，拿到试卷就不知道从何下笔，根本就不能静下心来看书、学习、做题。这类学生考试的成绩往往也就不尽如人意。

对待考试焦虑的学生，家长也很头疼，孩子面对考试总是这么痛苦，还怎么可能爱上学习、快乐学习呢？

在多年教学过程中发现，因对考试恐惧而渐渐不喜欢学习的学生并不在少数，而且他们常常就是那些比较听话、乖巧、老实的学生。为什么会出现这样的情况呢？

班上的一个男孩帅帅，对此可谓深有体会，因为他几乎每次考试都有这样的焦虑表现。在和帅帅聊天的过程中，他这样说：

> 每次考试之前，爸爸妈妈都会对我说："好好考，别给我们丢人啊！"每次我考得不理想，爸爸妈妈就会说："别人都能考高分，你也不比别人笨，怎么就不能考高分呢？"所以，每到考试的时候，我就会想：这次考不好怎么办？

爸爸妈妈会不会骂我？所以考试时总是在明明会的题目上出错。

对于中年级的孩子来说，他们已经懂得了很多，他们能真切地感觉到家长对他们的期望，家长在考试之前总是反复地对孩子说"要考好，不要给我们丢人"，无形中就会给孩子的心理造成很大的压力。当孩子背负着这样的压力去复习、考试的时候，考不好也就不足为奇了。

也正是从这方面考虑，作为家长，想要孩子快乐地学习，就要做到对孩子的考试不过分看重。家长要跟孩子强调平时认真学习过程比考试结果更重要，只有家长先对孩子的成绩看开了，孩子才能一身轻松地去学习，效果才能更好。如果孩子本身已经很紧张了，那家长就率先向孩子表示出你对他的成绩不会过分关注，孩子才能怀着一颗平常心去学习，去面对考试，才会没有沉重的心理负担，也才能发挥出自己的正常水平，感受到学习带给他的成功和自豪，从而更加快乐地学习。

(三) 挑选合适的比较对象

日常生活中，我们常常听到家长们这样的声音：

你看看人家圆圆，跟你一样上四年级，人家每次都是第一名，你什么时候能给我考个第一名回来呢？

瞧瞧，你表哥考上名牌大学了，你要是也能考上一个名牌大学，那该多好！

每每听到家长们这样"教训""激励"自己的孩子，我总想向家长传达这样一种思想：不要拿你的孩子和别人的孩子比较。

家长对我的话经常会感到不解："不比较，孩子怎么能有进步，没有进步，孩子的成绩又怎么能提得上去？"

的确，给孩子找一个竞争对手，对孩子学习成绩的提升来说是一件好事，但如果家长找的比较对象不妥当，很可能会挫伤孩子学习的积极性。如果这个对手和自己孩子之间相差太多，家长却急于想看到效果，无异于揠苗助长，不仅不利于孩子提高成绩，反而还会让孩子对家长的"功利"感到不耐烦，进而和家长对着干。

有一位家长在这方面做得就很好：

> 儿子上中年级之后，学习的劲头没有以前足了，人们都说给孩子找一个竞争对手对提升孩子的成绩有帮助。这种看法固然有一定的道理，但竞争对手若是找得不妥当则很可能打击孩子的自信心。所以，在给孩子寻找竞争对手的时候，我总是按照儿子的成绩单往上找三四个人，这样的话，既能给儿子找到一些适合的竞争对手，又不会让孩子感到这些人很难超越，从而放弃竞争。

不得不说，这位家长的做法是十分科学的。在教育学上有这样一个"甜苹果"定律：给孩子设立的目标一定是孩子蹦一蹦就能达到的，如果设得太高，孩子尝不到甜头，他也就失去了追求目标的兴趣。

所以，作为家长，想要孩子快乐地学习，一定要注意，不要让孩子在和别人比较的过程中先在心理上怯场了，要帮助孩子选择一个合适的比较人选，让他在超越的过程中，不会觉得毫无希望，而是充满斗志地去和别人竞争。他一旦体会到了竞争的快乐和学习的乐趣，就能充满激情地投入学习当中了。

二、多陪伴，多沟通

家长们大多有这样的经验：当孩子一、二年级的时候，他们在外面见到什么或者自己做了什么，回家都会急着讲给大人听，大人不听他还不高兴；但到了三、四年级后，情况开始发生变化，一部分学生不愿意把在外面发生的事讲述给家长，有时自己经历的事也不想让家长知道。

这是什么原因呢？在和一位中年级孩子交谈过程中，他这样说：

> 上一、二年级的时候，我的生活是自由自在无忧无虑的，可一上三年级之后，一切都变了，爸爸妈妈整天除了问一下我的学习，从来不关心我到底在想些什么，有没有不开心，有没有烦恼……既然爸爸妈妈不关心我，我跟他们还有什么话说！

的确，三、四年级的孩子与父母之间的沟通常被忽视，矛盾与代沟也开始出现了。

或许有的家长说："我的事多得不得了，哪里顾得上孩子在想什么?"

如果家长真是因为自己的事情而忽视对孩子的教育,我就要告诉他:您这是因小失大,必然得不偿失。

中年级的孩子固然已经有了一定的理性思维能力,但他们毕竟年龄还小,自控能力还不强,并不能完完全全掌控自己的行为,这就需要家长从旁协助。对待中年级的孩子,家长要做到少管,但一定要多跟孩子做一些沟通和交流。那家长该怎么做才能做到有效的沟通和交流呢?

(一) 营造一个轻松的交流环境

有家长自豪地说:"我和孩子是无话不谈的朋友。"这是怎么做到的呢?原来这位家长从不刻意去打探孩子的学习情况,总是和孩子闲话家常。打个比方,孩子放学回家之后,这位妈妈会非常自然地跟孩子说:"学习一天了,累了吧,好好放松一下。"然后会陪着孩子看一小会儿电视。在看电视的过程中,这位妈妈会有意讲一些热播的电影、自己单位发生的趣事……聊着聊着,孩子的话匣子就被打开了,自然而然就会自己说起学校的种种,而这位家长也就能够从孩子的话语中了解到孩子学习的近况,及时采取措施。

心理学研究表明,在轻松的环境下,人们很容易放松防备心理,顺理成章地说出心里话。家长与孩子的交流也是如此,如果孩子一回到家,家长就追问孩子的学习情况,这不但会使孩子产生厌烦情绪,还会把他的防备心理激发出来,不管家长如何问,他都会金口难开。家长只有为孩子营造一种轻松的沟通氛围,以平等的身份与孩子进行交流，才能走进孩子的内心。当孩子真正把家长当成好朋友之后不管是学习情况还是其他方面的情况，他们都会愿意向家长诉说。

为孩子营造这样轻松氛围的机会有很多，比如，和孩子一起晨跑，或者星期天全家一起去爬山……因为每天一起运动、玩耍，家长与孩子之间，当然就会有许多共同的话题。当孩子和家长无话不谈时，家长也就能很好地把握孩子的心理变化和情绪波动，及时化解孩子在学习道路上可能碰到的问题。

（二）尊重孩子，平等交流

孩子进入中年级以后，会经历一个人格独立的矛盾时期，这时候的孩子特别想独立，但又缺乏独立的能力，因此在心理上处于一种很矛盾的状态，所以他们需要一个"参谋"帮助自己出谋划策，但这个人又不是全盘帮自己制定该怎么做的"长官"。这个"参谋"需要帮助孩子逐步提高处理问题的能力，尽快完成从"想独立"到"能独立"这一转变过程。

家长若是不能了解这个时期孩子的心理，就会在与孩子交往的过程中充当那个颐指气使的"长官"，从而陷入这样一个处境：家长在那里不厌其烦地说，孩子却对家长的话置若罔闻。

在这个处境越来越不妙的情况下，孩子开始进入"不听话"阶段，两代人之间也就进入了容易产生矛盾、容易发生冲突的境地。

明白了孩子的这些心理特点，作为中年级孩子的家长，在与孩子沟通的过程中就要注意这样一点：不要打着"忠言逆耳"的幌子对孩子进行说教，要尊重孩子，和孩子平等地交流。

一位懂得尊重孩子的家长对此感触颇深：

> 在低年级的时候，孩子还小，自己还没有一定的独立能力，关于学习上和生活上的一些事情都是我帮他安排的。上了三、四年级之后，我开始有意识地对孩子"放权"，比如，放学之后，是先写作业、看书还是先看电视或者和小伙伴们一起玩一会儿，都由他自己来决定。无论他做出什么决定，我从来不会立刻否定他，只是适当地提出一点儿建议，委婉地告诉他怎样做会更合理一些。
>
> 因为我跟他说话的时候，是站到他的立场为他考虑，并且是发自内心地尊重他，孩子往往会仔细思考我的意见。这样时间长了，孩子不仅独立思考能力有了极大的提高，理性思维能力也强了许多。我的孩子不仅不会对我敌视、冷漠，和我关系还特别亲密。

相信家长们都有这样的观念：在同事或朋友面前，我们一般采取的态度是尊重，因为我们知道，我们是平等的；但在孩子面前，我们却很少注意尊重，因为我们觉得孩子太小，什么都不懂，必须听从我们的指挥。在这种观念下，我们总是以"指挥者"的身份出现在孩子面前，总是无所顾忌地对孩子进行指挥、命令、批评、训斥，总是要求孩子要"不折不扣"地执行我们的意愿，并且为自己的行为加上了一个冠冕堂皇的幌子——"忠言逆耳"。

也就是在这个幌子的遮掩之下，家长错误的教育方式带来了可怕的后果：孩子和家长越来越陌生，越来越不愿意和家长交流。例子中的家长做得就很好，对孩子"放权"，却又适当进行指点，让孩子既感觉到了家长对自己的尊重，又不会因为家长的过度"越权"心生不满，家长和孩子的关系，自然就会其乐融融了。

（三）和孩子同舟共济，不要只做"检察员"

寒假的一天，到朋友家做客，席间听朋友这样说起自己的孩子："女儿斯斯上三年级之后，成绩越来越差，让她好好努力，让她学习用心些，她怎么都不长记性。你看看现在她那个成绩，我真是没脸见人了！"

看朋友一脸沮丧地说起自己的孩子，我只是问了朋友这样一句话："孩子成绩上不去，你为孩子做了些什么？"

朋友被我问得愣住了："学习是她自己的事，她自己学不好，我能有什么办法？"

听了朋友的话，我是彻底无话可说了。

不可否认，实际生活中确实存在着这样一类家长：他们对孩子的成绩很关注，对孩子身上出现的问题也很关注，然而，却只是把这些关注停留在口头上，停留在对孩子的责备和训斥上，认为学习是孩子的事，孩子成绩不好，就是孩子不认真、不刻苦，一味地追究孩子的责任，把自己摆到一个"检察员"的位置，仅仅去检查孩子身上的毛病，却不为孩子的毛病寻求解决的办法。就像我的朋友一样，看到了孩子成绩越来越差，也看到了孩子的不用功，然而却从没想过该怎么帮助孩子把成绩提上去。

我们可以想一下：当孩子在学习上遇到困难，迫切需要有人来帮助他解决问题的时候，如果家长只会说空话，只会训斥，孩子从家长那里总是得不到有效的帮助，那么孩子还可能愿意和家长沟通吗？答案是否定的，没有一个人愿意光听别人的埋怨和唠叨。

反之，家长此时如果能明白孩子的心理，能够耐心地帮助孩子分析原因，制定改进措施，帮助孩子建立起战胜困难的信心，把自己当成责任人，甚至是主要责任人，使孩子认识到在自己遇到困难的时候，有家长跟自己站在一起，他会信心十足，会用积极的心态与方式面对困难，在克服困难的过程中体验成就感，感受父母的温情。孩子身边充满父母的鼓励，自然就不会对学习失去兴趣。

一位家长经历过的一件事，恰恰说明了这一点：

女儿敏敏上四年级，一次测验数学成绩非常不理想，回家之后她闷闷不乐地进了自己的房间。晚饭的时候，我趁机跟女儿聊了起来。"敏敏，妈妈知道你没有考好心里很不高兴，妈妈先跟你说'对不起'，妈妈这段时间对你的关心不够，你成绩落后，妈妈应该负很大一部分责任，但敏敏你最近是不是也不够努力呢？"我平静地跟女儿说。

女儿默不作声地看了我一眼，显然没有想到我会这么说。

"从今天开始，妈妈和你一起努力，我们'共同作战',拿下数学这根'硬骨头'!"我振奋精神,信心十足地说。

看我这么有信心,女儿也慢慢笑了:"妈妈,我知道你是为我好,我会好好努力的!不过妈妈也一定要帮助我哦!"

每个孩子都有强烈的进取心,考试成绩不好,表明孩子在学习中遇到了困难,这样的结果家长不愿意看到,孩子自己更不愿意看到。所以,当孩子考试成绩不好的时候,作为家长就应该与孩子"共同作战",如果这时你向孩子说一句"对不起,我这段时间对你帮助不够,所以你成绩落后了,没关系,咱们一起努力,把成绩赶上去"。孩子自然就会感激父母对自己的理解和帮助,从而重拾学习的信心。

三、开发智力,提升智慧

每个班级里的孩子总会有不同的差异,有时候在课堂上对学过的生字新词进行听写,有的孩子几乎每次都是全对,轻轻松松拿满分,而有的孩子每次要听写时如临大敌,急得冒汗,原因当然是好多字都不会写。

在同一个班上学习,老师是一样的,课堂的学习过程是一样的,课后布置的作业也是一样的,为什么学习结果会有这么大差别呢?难道生字听写不过关的孩子天生就笨吗?不是的。孩子是否聪明和家长后天的培养有很大关系。

我在书上曾看到过一些关于狼孩的事情：

> 狼孩出生以后就和狼生活在一起，生活习性皆与狼相似，不会说话，但被发现之后，在人类的后天培养之下，也能掌握一定的词汇，会说几句话，但其智力和同龄人比起来却相差很多。

这一事例就很好地说明了，后天的生长环境对于孩子智力培养所起的重要作用。

无独有偶，我在电视上看到的一个节目，也恰恰说明了这一点：

> 一个女孩仅仅10岁，就发表了很多诗歌和小说，一时被人们称为"神童"。电视台在采访女孩母亲时，这位母亲说了这样一段话："我在怀孕的时候，就非常注重孩子的胎教，经常阅读优美的文章和词汇。孩子来到这个世上之后，我每天都在孩子耳边朗读。孩子会识字时候，她能够触摸到的地方，我都放满了书。久而久之，孩子对文学的兴趣越来越浓，渐渐开始尝试自己写作、投稿。"

中年级的孩子八九岁，大脑发育正处在结构和功能完善的关键期，在小学教育中正好处于从低年级到中高年级的过渡期。在这个阶段，家长的教育若是得当，所取得的效果往往也是惊人的。上文提到的经常听写能轻松得满分的孩子，家里一般都是比较早的进行智力开发，如进行亲子阅读。家长在和孩子读故事的过程中，孩子就会不自觉地对文字感兴趣。加上平时生活中对广告、路牌、产品名称有所关注，对很多字早有记忆，上学时再巩固一下，自然学得轻松。而学生字困难的孩子，一般都没有或者极少进行亲子阅读。

智力是可以通过训练得到提升的。我就认识这样一位家长，十分懂得抓住培养孩子智力的关键期。

儿子豪豪上中年级之后，学习上明显表现出吃力，对一些问题反应也不如小时候敏捷了。面对孩子出现的这种情况，我开始琢磨：怎么才能开启孩子的智慧呢？

在研究了一些教育学典籍之后，我决定从培养孩子的逆向思维能力入手。周末的时候，我常常会跟孩子做这样一些游戏：比如，反口令，我说"起立"，孩子要"坐下"，我说"举右手"，孩子要"举左手"；又比如，我和儿子猜拳，输的一方要"笑"，赢的一方要"哭"。因为游戏具有一定的趣味性，儿子也喜欢玩，时间一长，儿子的反应能力果然得到了极大的提升，面对其他问题的时候，也能很快想到答案。

每个孩子都不是天生聪明、高智商的，家长在后天的培养对孩子的智力发育起着至关重要的作用。就像我们前面提到的两个例子一样，得不到良好教育的狼孩和自小就被妈妈悉心教育的小女孩，因为后天环境不同，智力发育也就有了天壤之别。

四、增加孩子的爱好，生活丰富，知识就丰富

生活与智力有关系吗？当然有关系。有一句话叫作"见多识广"，说的就是这个道理。当一个人的见识越来越丰富的时候，他的世界观、价值观也会随之发生变化，相应地，智力水平也会潜移默化地提升。

在这一点上，一位家长曾经说起过他教育孩子的经历：

> 在孩子成长过程中，我就很注意寻找孩子身上的"聪明点"，并帮助他将这些"聪明点"放大。比如，孩子喜欢画画，我就给孩子创造画的条件，让他尽情地画，随着孩子画得越多，孩子也就越来越渴望了解更多绘画方面的知识，我就会给他提供一些相关方面的书籍或找一些老师给他辅导。又比如，孩子喜欢看一些历史类的电视剧，我就多带他去图书馆查阅历史书籍……把孩子的爱好发挥到极致，孩子的兴趣被调动起来，懂的东西越丰富，做事就越有积极性，也就显得更加聪明活泼。

一个爱好就是一个丰富多彩的世界：孩子如果喜欢下棋，就会知道很多的棋类知识；如果喜欢军事，就会对武器世界、历史事件感兴趣……孩子的每一个爱好背后都可能蕴藏着丰富多彩的知识世界。在家长有意培养孩子兴趣爱好的过程中，孩子就会自觉地对爱好背后的一些知识产生好奇，从而自发地学习、钻研，久而久之，

他在某些方面的知识储备，就能达到同龄人所不能及的程度，智力水平也会在不知不觉中不断提升。

第八节　爱上阅读，迈向优秀

吴琳琳

一、读书是个好习惯

一位教育家曾经说过："阅读是一种终身教育的好方法。培养孩子的阅读兴趣，让孩子喜欢读书，是父母献给孩子最好的礼物，也是家庭教育成功的标志。"现在进入了知识经济时代，社会环境和背景发生了深刻的变化，创造力成为人们更加青睐的追求，但是知识的重要性仍然没有改变，因为知识是创造的基础和永不枯竭的源泉，没有知识的人不可能具有创造性。书籍是知识的永恒载体，虽然现在出现了各种新的知识载体，互联网也为我们带来各式各样的，如海洋般丰富的资讯，但是书仍然是人们更为喜爱的一种知识载体。

孩子在学校学到的主要是课本知识，孩子如果只是掌握课本上的那点知识，那么知识结构难免单一。阅读有益的课外书不但有助于开拓视野、培养广泛的兴趣爱好、学会为人处世等，而且可以增长见识，做到不出家门而知天下事，不出国门而了解世界各地的历史文化、风土人情。有研究表明，儿童的阅读能力与未来的学业成功密切相关,小学中年级之前培养读书能力是非常重要的,是孩子各科学习的关键。不会阅读的孩子不可能取得良好的学业成绩。

读书有助于孩子形成良好的道德品格和健全的人格。那些主人公具有美好品格的书籍,那些富有人文精神的书籍,很容易在阅读者的内心引起震荡。比如,读鲁迅的书,会被鲁迅"我以我血荐轩辕"的赤子之心打动;读李白的诗,会被李白"安能摧眉折腰事权贵"的傲骨打动;读《钢铁是怎样炼成的》,会被主人公保尔不向命运屈服的钢铁般的意志所折服……这些向上的精神会对人格起到升华的作用,并且可以促使一个人形成良好的道德品格和健全的人格。

读书的习惯需要培养。只要从小每天培养,它就会像吃饭和睡觉一样成为生活中最自然的事情。天长日久,书会成为孩子最知心的朋友,读书会成为孩子的一种习惯。耶鲁大学心理学系博士、研究员温迪·威廉姆在《读书,从小养成的习惯》一书中特别强调:"读书是一种习惯,这种习惯在人的一生中越早养成越好。若孩子的家庭和学校不能强化读书的乐趣,他们是不会突然在某天奇迹般地喜欢起读书来的。父母必须为孩子创造读书的好时机,帮助他们养成这种最重要的习惯。就像其他习惯一样,孩子一旦有了兴趣,自己就会不断阅读,并从中获益。"读书是个再好不过的习惯,培养孩子喜欢读书是家长的一个重要目标和任务,帮助孩子养成读书习惯就等于为孩子找到了拥有世界的捷径。

二、读书要引导

在指导孩子阅读之前,家长要正确认识读书的作用,如果对读书的作用没有正确认识,家长就不能很好地引导孩子阅读。

书是知识的永恒载体,因此读书是人们获取知识的重要途径,读书的过程就是获取知识和受教育的过程,是学校和家庭教育的延伸,是自学的关键。读书具有教育功能,但不仅仅是教育功能。近现代以来,人们一直非常强调读书的教育功能,很多家教读物也非常强调读书的好处,认为读书是孩子掌握知识的一把钥匙。但是,人们喜欢读书的动机往往不是源于读书的教育功能,而是读书的娱乐和享受功能,也就是说读书可以给人带来乐趣,滋养人的灵魂。卡尔·维特对儿子小卡尔的教育在当时曾经引来很多慕名而来的父母,小卡尔9岁的时候可以读德文、法文、英文、意大利文、希腊文和拉丁文六种语言的书籍,对读书的热爱是小卡尔成功的重要因素。卡尔·维特认为家长应该培养孩子多方面的兴趣,其中最为重要的一种兴趣就是读书,因为他认为读书是一切乐趣的源泉。可以说,老卡尔教子成功的关键就是他重视孩子阅读的娱乐和享受功能,是从孩子获得乐趣的角度来指导孩子读书的,而不是从家长对孩子进行教育的角度强制孩子看书。反过来想,其实在享受阅读的过程中,孩子肯定会得到很多知识,也会受到一定的教育。

生活在现代的孩子并不一定会自然而然地爱上书籍。现代社会是个网络化时代,更加具体形象的电影、电视和电脑似乎远比读书要有趣得多，很多孩子很小就成为小小的"追星族"，他们为自己崇拜的歌星、影星和运动明星而发狂，而对书籍的兴趣要淡得多。很多家长为了工作而整日忙碌，且不说很多家长很少看书，更难得有时间与孩子一起享受读书的乐趣。电脑、手机的普及使得很多孩子迷恋上游戏、卡通影片等，而网络世界里一定没有书籍的位置，这些孩子认为读书是枯燥的，远远没有游戏惊险刺激、卡通影片引人搞笑。所以从这一点来说，21世纪的今天比起近现代历史上的其他时期更加丰富多彩，更加纷繁复杂，如果没有很好的引导，孩子就更加难以与书结缘，难以养成读书的好习惯。

很多因素可能导致孩子未能养成读书的好习惯。例如，以上提到的当前社会上很多现象对孩子的吸引力太大了，在读书习惯养成的关键时期孩子禁不住诱惑爱上了别的事情，所以未能养成读书的习惯。另外一个非常重要的原因是家庭教育或引导不力。例如，很多家庭有豪华的家私、电器、汽车，但未必有引以为豪的书柜和藏书，从很多父母的口中经常听到关于汽车、电视、豪宅和名牌消费品，但是未必经常听到关于好书的谈论。很多家长回到家不是享受读书的乐趣，而是成了电视、电脑、手机的奴隶。不少家长并不重视孩子读书，认为只要能把课本念好，考出好成绩就可以了，其他的书看不看无关紧要。所以很多家长为孩子买书首先是买习题集和复习指导，买回来后硬是逼着孩子学习，反而使得孩子对读书产生了厌倦。

教孩子读书的关键是怎样让孩子在愉快和快乐中受到书里的教育，而不是将读书视为一种煎熬和折磨。要重视读书的娱乐和享受功能，甚至将读书的娱乐和享受功能放在首位，也就是家长要降低读书的教育期望值。读书具有教育功能，这一点无可厚非。在古书和古戏曲中，我们常常听到进京赶考的学子们慨叹"十年寒窗苦"，对于现代的孩子们来说，如果读书真是很苦的话，也许教育孩子读书将很难实现。在读书中获得愉悦和快乐是习惯养成的重要动力，但是很多家长让孩子读书的目的是让孩子学更多的知识，或者提高孩子的阅读能力和写作水平，最终提高孩子的学业成绩。在大多情况下，看书是孩子们重要的一种娱乐方式，他们主要是为了寻找乐趣而看书。如果家长硬是要求孩子为了学习而读书，让孩子读一些自己认为重要而孩子不感兴趣的书，那么孩子可能会产生逆反心理，或者认为读书无趣。家长要顺应孩子的心理特点，先让孩子对书产生好感，才能让孩子喜欢阅读。

培养读书习惯的关键不是让孩子"读书"，而是让孩子"想读书"，也就是激发孩子读书的热情，培养孩子读书的兴趣。兴趣是孩子阅读的内在动力，凡是孩子感兴趣的书籍就乐意读，家长可以想办法为孩子购买或借阅其所喜爱的书籍，并真诚而及时地表扬孩子读书的热情和用功。孩子想读书可能出于两种原因：一是想得到家长的赞扬或奖励，读书是获取赞扬或者奖励的手段，这种情况在孩子初始读书的时候比较普遍，家长的表扬和奖励是孩子读书的重要动力；二是将读书视为一种需要，读书本身就成为一种激励，这种情况在养成读书习惯的高年级孩子中比较普遍。如果中年级孩子有的还没有养成读书的习惯，读书的外在激励对于养成读书的习惯是必要的，但是内在激励正在起着越来越重要的作用，所以家长应该通过外在的激励机制促进孩子内在激励机制的形成，这是培养中年级孩子读书习惯的关键。

三、给孩子精心挑选读物

好的书才能引起孩子读书的乐趣。上文提到的老卡尔在教育小卡尔的时候就非常注重对书的选择，他认为孩子早年读到的书对孩子的成长非常重要。好书的标准是孩子感兴趣，或者家长通过了解认为孩子应该会感兴趣。

一般来说，孩子们的读物包括娱乐类书籍（如各种历史故事书、绘本、童话故事书，一些适合儿童阅读的名著简易读本），科普类书籍（如《十万个为什么》《我们爱科学》等），综合性工具书类（如《少年儿童百科全书》等）和学习参考类书刊（各种分学科的学习资料和辅导材料等）。

从哪里可以获得好的书籍也需要提一下。

为孩子买书。家长可以从书店为孩子购得好书。一本好书就可以在孩子面前打开一个全新的世界，现在父母们不是愁买不到书，而是愁买什么书。家长要经常查阅一些图书信息，了解最适合自己孩子的书籍有哪些，将好书记录下来。如果从报纸或者朋友那里得知一本好书，千万别忘了记住书名、作者、出版时间和出版社，以便有机会去书店或者直接在网上购买。

为孩子借书。比如，市、区图书馆或者书店等，为孩子办一个借书证或者阅览证，开始的时候家长可以带着孩子去读书，告诉孩子如何选择对自己有用的图书。另外，家长也可以与亲戚朋友交流经验，将他们给孩子的好书借来阅读。

为孩子订份好刊物。为了让孩子树立阅读刊物的意识，为孩子订一份好的刊物也是非常必要的。比如，《语文报》《快乐作文》《中小学数学》《少年儿童故事报》《少年科学画报》《中国少年文摘》《学与玩》《少年文艺》《我们爱科学》等都是不错的期刊。

需要提醒家长的是，如果孩子特别喜欢阅读，可选择稍微高于孩子实际阅读水平的书籍。相反，如果孩子不喜欢阅读，可以选择略低于孩子实际阅读水平的书籍，以免挫伤孩子阅读的积极性。

有些家长可能觉得为孩子从网上下载一些书让孩子看可能更方便些。但是很多专家认为，在电脑上阅读远不如阅读纸质图书效果好。一是电脑阅读很容易造成眼睛疲劳，对孩子健康可能产生不良影响；二是电脑阅读存在时间和地点的局限性，不像纸质书籍那样携带方便；三是电脑阅读不便于做笔记，而且孩子在电脑上阅读很容易禁不住诱惑玩电脑游戏。所以最好还是让孩子阅读纸质书籍。

四、开始养成独立阅读的习惯

美国的一项研究表明，孩子自发地喜爱读书的时间很短，一般在七八岁到十一二岁之间，如果在这个时间里不能让孩子树立起对书的好奇和喜爱，过了这个阶段孩子的兴趣将会转移到其他事情上，成长带来的各种烦恼开始占据孩子的心思，家长便失去了引导孩子读书的好机会。

中年级是引导孩子养成独立阅读习惯的好时期。尽管几乎整个小学阶段都是培养孩子阅读习惯的好时机，但是一般来说低年级的孩子由于识字水平低，注意力持续的时间只有15~20分钟，可以阅读的书籍的范围和内容极其有限，读书在很大程度上要靠父母的帮助，很难完成独立阅读。根据现行的小学教育大纲，四年级的识字量已经接近脱盲的水平，识字量的提高为孩子扩展阅读范围提供了可能条件，孩子阅读书籍的内容和范围可以更宽泛些。随着孩子知识的积累和学校教育的深入，孩子的兴趣可能更加广泛，对自然科学、历史等领域的兴趣变强，这为孩子扩展阅读的范围提供了内在的动力。由此看来，中年级是培养孩子走向独立阅读的最佳时机。

如果有些孩子很早就开始看书了，这是个良好的开端。但是也有些孩子直到高年级还没有养成爱书和读书的习惯，这时候家长应该赶快采取行动，让孩子做一件改变他一生的事情——养成独立阅读的习惯。

五、培养中年级孩子独立阅读应该注意的问题

让孩子认识到读书的重要性，这是培养孩子读书习惯的重要一点。中年级孩子开始接受间接激励，家长可以通过各种方式找到一些名人读书的故事，告诉孩子读书是增长知识的重要途径，读书可以让人更开朗，可以让人胸怀更广，读书还可以提高写作水平和学习成绩。不过，说明读书重要性最有效的方式是父母对读书的喜爱

和重视。

营造良好的家庭阅读气氛。家长要为孩子营造良好的家庭阅读气氛。国内外的研究都表明，家长的示范作用和良好的家庭读书氛围是使孩子喜欢读书的关键。例如，有项研究表明，如果家长有读书的习惯，儿童在10岁以前就很容易热爱读书，从而养成读书的习惯。所以家长要以身作则，在空闲之余孜孜不倦地读书，为孩子提供良好的榜样。有些家长会抱怨说自己工作太忙了，没有时间去读书，尤其是没有时间陪孩子读书。自学成才、身残志坚的中国"当代保尔"张海迪曾经说过，爱读书的人是不会借口太忙而放弃读书的。要想让孩子养成受益终身的好习惯，家长应该首先做好示范作用。此外，家长还应该为孩子准备一个舒适的读书环境。有条件的家庭可以为孩子选择一个光线良好和独立的房间，备好书橱和桌椅，精心选择一些适合孩子的读物和工具书，墙上贴上爱读书的名人肖像和名人警句等。

读书需要诱导。帮助孩子走向独立阅读的内在驱动力是对读书的爱好，而对读书的爱好只有通过读书本身获得的乐趣才能够形成。最初，家长可以与孩子一起读一些有趣的书，引导孩子爱上读书。然后，引导孩子自己去读书，家长可以与孩子一起讨论书中有趣的问题，或者让孩子把书中的故事讲给自己听。总之，家长要与孩子一起读出书的乐趣，这是促使孩子独立阅读的关键。

帮助孩子选书。美国有项调查表明，小学中年级孩子喜欢阅读的书籍具有一定的特点，首选的是童话故事书，其次是科学幻想故事书，再次是传奇故事和英雄人物故事书，最后就是一些数学游戏、发明创造、科学知识、动物世界、海洋、旅行、战争、历史笑话、娱乐、诗歌、传记和天文地理方面的书。其实不同孩子的兴趣是千差万别的，不同孩子喜欢的书也是有所不同的，家长需要注意的是，让孩子独立阅读的书难度要适中，如果孩子本身的阅读兴趣不浓，则尽量选择那些配有一些插图或内容有趣的书籍。

阅读方法指导。及时地给孩子提供阅读方法指导，包括如何选择有意义的书籍、如何制订读书计划、如何精读一本书、如何略读一本书、如何做读书笔记等。

制订阅读计划。家长要着手帮助孩子制订一个具体的阅读计划。阅读计划可以是单独的计划，也可以是学习计划的一部分。计划要尽可能具体，例如，列出每周需要阅读的书目和时间安排，给出完成计划后的奖励方案。当然读书计划的制订需要孩子的参与，家长不可以越俎代庖。最初的阅读计划可在家长的帮助下制订，几个星期之后，家长要让孩子自己制订读书计划，并根据情况帮助孩子修改。

及时给予评价。根据阅读计划的完成情况及时给予客观的评价。如果孩子完成了阅读计划，家长要及时地给予奖励。奖励是鼓励孩子读书的动力，随着中年级孩子自我评价观念的形成，奖励要逐渐从物质性奖励向精神性奖励转变，为孩子营造一个良好的读书心境。例如，可以采取计分制，每阅读一本书就为孩子记一定的分数，一个月或两个月后进行结算，可以换成一定的物质奖励。家长在饭后或孩子空闲的时候与孩子一起讨论一本书，或者表扬孩子书读得认真仔细，夸奖孩子的理解能力强或记忆力好等，这些都可以成为孩子读书的精神性奖励。如果读书计划不能按时完成，应该帮助孩子分析原因。如果是孩子自身的主观原因，家长应该委婉地提出警告。如果是计划不合理，应该帮助孩子修改读书计划。

六、养成良好的读书习惯

良好的读书习惯可能包括很多方面，比较重要的好习惯有：

（一）善于利用速读扩展知识面和选择有用的东西

很多书籍不需要精读，利用速读选择其中对自己有用或者感兴趣的内容，然后进行精读。或者利用速读搜索解答问题的答案。例如，很多历史故事只要了解关键的人物、事件和意义就可以了。还要引导孩子阅读综合性参考工具书，从而扩展知识面。

（二）循序渐进地读书

中年级孩子刚刚进入阅读阶段，需要从其喜欢和相对较为简单而有趣的故事书和科普读物开始，不要一开始就要求孩子读厚厚的世界名著或者小说。不过，如果孩子有足够的时间，家长可以与孩子一起读一些名著的简易读本。很多家长总是督促孩子读各种各样的小学生作文集和日记精选，并要求孩子背下来。其实这可能会抹杀孩子写作的兴趣，并且养成依赖性。最好的方法是家长结合孩子习作的学习，引导孩子精读不同题材和类型的小学生作文范文，体会优秀范文的基本写作要求，积累好词好句。

（三）读书要思考

读书的目的不是认识字词，重要的是读懂其中的内容，厘清不同内容之间的关系，从中学到知识或者明白一些道理。不管是理解内容，还是学习知识和明白其中的道理，都需要孩子不断地思考。家长不仅要鼓励孩子认真思考书中的描述，还要引导孩子结合生活理解其中的道理。

（四）养成做读书笔记的习惯

"不动笔墨不读书"是种很好的读书方法，同时也是一种良好的读书习惯。特别是在精读一些经典文章或者书籍的时候，一定要做读书笔记。

做读书笔记的时候千万要注意从孩子熟悉的课文或者喜欢的书开始。笔记的内容可多可少，可详可略，一开始需要在家长的帮助下完成。如果孩子刚刚开始做读书笔记，即使孩子只记下很少的一二十个字，家长也要给予鼓励。家长也可以先为孩子做个示范，将自己的读书笔记展示给孩子看。

做读书笔记的形式有很多种。一是在书上做记号或者写批注。让孩子在书上用一些特殊的符号（例如，着重号、波浪线、单线等），在重要的或者优美的文字或句子下做记号；或是在自己认为重要的或者有所感想的段落旁边的空白处简单写出自己的感受或观点（例如，"景色真美""很有道理"等），或者认为某些文句写得很糟糕，就在旁边写出自己的看法。二是做读书摘录，在读书的过程中看到自己欣赏的好词佳句或者名言警句，在笔记上摘录下来。三是将读过的内容缩写下来或者写出读后感。要求孩子将读书的体会或者收获写在笔记本上。

第九节 良好习惯态度，成就能力

黄爱民

一、应有的学习习惯

小学阶段是学生行为习惯的养成教育阶段，良好的习惯会使人终身受益。而中年级正是小学生养成教育的关键期。因此，中年级学生行为习惯的养成教育十分有必要。因本人正在教中年级，在这里着重谈谈中年级学生学习习惯的一些做法，培养学生好的学习习惯应着重从以下三个方面来进行。

（一）认真书写的习惯

书写的好坏将直接影响老师对孩子的第一印象。书写是否清晰，一方面能反映学生的学习态度，另一方面，一个能够认真书写的孩子，往往也能够认真对待学习及其他许多事情。

（二）认真观察、思考的习惯

有的家长反映，孩子到中年级后，会有很多畏难的情绪，他们不愿意自己思考问题，不愿意自己动脑筋，做事总是拖沓。原因是孩子升入中年级后，作业难度加大，要孩子认真思考和观察的东西多了起来。所以就会对学习提不起兴趣，习惯依赖他人。清楚了这一点，家长在培养孩子学习习惯的时候，就应该把培养孩子认真观察、思考的习惯当成一项重要任务。

从引导孩子观察身边的事情入手，帮助孩子养成认真观察的习惯，无疑是最便捷的方式。孩子出于天性，总是对身边的人或物充满好奇，所以，做个有心的家长，引导、督促孩子认真观察身边的事物，孩子的各种能力就会不知不觉提升。

(三) 阅读的习惯

正是因为了解了阅读对孩子学习的重要性，我经常会告诉中年级孩子的家长：在中年级阶段，一定要培养孩子良好的阅读习惯。

很多中年级孩子的家长曾就此问过我："培养孩子的阅读能力，对孩子的学习来说固然是好，但我们该让孩子读哪些方面的书呢？"

每当有家长问起这个问题，我都会这样回答：首先，让孩子读一些他们感兴趣的书；其次，让他们读一些经典的名著。让孩子们读一些他们感兴趣的书，孩子才能在阅读中找到乐趣，从而慢慢地爱上阅读。随着孩子阅读习惯的慢慢养成，家长再适时地鼓励孩子读一些经典名著，比如，国外的《伊索寓言》《安徒生童话》《一千零一夜》，国内的"四大名著"等。当然，家长在引导孩子读这些经典名著的时候，还需要注意这样一点：要选择适合孩子阅读的名著版本，如果版本设计太过成人化，让孩子一看就心生畏难情绪，不仅对孩子阅读无益，反而会挫伤孩子阅读的积极性。所以，家长在挑选名著版本的时候，应尽量选择那些适合中年级孩子阅读的插画本、简装本、袖珍本。

二、应有的学习态度

中国足球队原主教练米卢有一句名言："态度决定一切。"虽然这句话过于强调态度对成功的重要性，忽视了成功的其他条件，但是它说明了态度的重要性在于：它是做好一切事情的前提，是成功的基础。

记得每次的家长会上，作为班主任的我，总会不断地向家长强调这样一个问题：要端正孩子的学习态度。认真的学习态度才能学有所得。学习态度不端正，就不可能获得好的学习效果。但多数学生并不为之所动。

偶然的机会，我看到了一个故事，觉得有所启发，在一次晨会课上，我给学生讲了这个故事。

著名的亚历山大图书馆在一次火灾中被毁之后，人们在废墟中发现了残存的一本书。一个穷学生把这本书买走了。虽然这本书没有学术价值，内容也枯燥无味，但穷学生还是经常翻阅。有一天，书被翻破了，书脊里掉出一张纸条，上面写着试金石的秘密：试金石能把任何金属变成纯金，但它看起来和其他鹅卵石没有什么两样，然而，一般的鹅卵石摸起来较冷，只有试金石摸起来是温暖的。

穷学生立即赶往大海边去找，可是那些鹅卵石摸起来都是凉凉的。穷学生渐渐失望了，他愤怒地把捡起来的鹅卵石抛向大海深处，这样，日复一日，他扔鹅卵石的力气越来越大，多年后的一天，他捡到一块温暖的鹅卵石，当他意识到它是温暖的时，习惯已经让他把手中的鹅卵石扔到了深海中。

穷学生失望地回到他居住的地方，当时，国王正悬赏力气大的人，他站在台下，发现那些人都没有自己的力气大，他走上台试了试，结果得到了国王的赏赐，富裕的他把那本书重新装订，却在书脊处发现了另一张纸条：世上没有真正的试金石，你对人生的态度就是试金石。

"态度就是试金石"，多好的诠释！态度决定我们能不能向成功迈进，因为成功的关键在于我们是否在不断地追求。如果穷学生发现海滩上的鹅卵石都是冷的，放弃寻找，他也不会在一次又一次的锻炼中成为全国力气最大的人，也不会获得人人羡慕的荣誉和财富。

故事终于有了一个完满的结局。

故事固然可以鼓舞人、激励人，但究竟怎么做，还得要有一定的方法。

我们经常评价一个学生"学习态度端正"，主要是指他对待学习具有积极性、主动性和自觉性，相反，说一个学生"学习态度不端正"，则指他对待学习持消极、被动甚至厌恶的情绪。如何改变这种消极、被动的情绪，让他变得积极、主动起来呢？

首先，我们必须改变自己对待孩子的态度。我们应该以平等、尊重的态度对待每一个孩子，改变过去"我是教育者，你是被教育者；我是知识的传授者，你是知识的接受者"那种高高在上，盛气凌人的传统观念；家长也要改变自己的"权威身份"，让我们真正成为孩子学习和探究的合作伙伴，引导孩子一起去探究他们那些未知的领域，而不流于表面。老师和家长不是拉着孩子走，而是给他们指明方向，告诉他们可以怎样走，需要注意些什么，激发他们的学习兴趣，让他们愿意学习，渴望学习。老师和家长应和学生一起去探讨、去品悟学习和探究过程中的酸甜苦辣，并且不断地给他们鼓励，为他们加油。让孩子从你的表情、手势、语言等方面，不断地得到学习和探究的动力。

其次，学习氛围的好坏也直接影响孩子的学习态度。奋发向上，你追我赶的风气，会让学生受到熏陶和感染；师生关系融洽，有利于相互勉励、相互促进，也便于沟通，更有利于提高学生对教师、对所学科目的认同，从而进一步端正学习态度。当然，来自家庭、社区等诸多因素也会对学习氛围有所影响。

其实，态度不仅仅存在于学习中，它渗透在每一个人的每一个方面，它是对待生活的态度、对待人生的态度……对学生而言，只有认识到"无论做什么事情，态度决定一切"的道理，才能赢得人生。即使在你努力了很久都没有看到进步的时候，也不要气馁，因为你的态度给了你最好的证明。

三、应有的管理能力

中年级是孩子各项习惯、能力养成的关键时期，所以，家长们一定要注意培养孩子的主动性。要让孩子自己意识到，学习是自己的事情，家长不要总是担任孩子学习的"监督员"，孩子习惯依赖家长的催促，从而使学习更加被动。

首先，要让孩子学会管理自己的学习时间。中年级的孩子已经具备了一定自主安排时间的能力，作为家长在这个时期就要懂得放手，让孩子自己去规定自己的学习时间。可以先和孩子一起制订计划表，孩子这样做事，就能慢慢养成一定的自主学习能力，在学习过程中积极主动起来，对时间的管控能力得到加强。

其次，要让孩子学会管理自己的学习，家长们要学会引导孩子在学习过程中树立自己的理想和目标。当我们的心中有信念的时候，我们就会加倍努力，为这个理想信念而奋斗。这个理想在孩子的心中播种下来，那么孩子在学习过程中也会积极主动起来，学习也更有动力。

第十节 独立善交，自信表达

华珊茵

作为一名从教多年的一线老师，我深知孩子在中年级这个过渡期的关键性。如果说低年级是培养孩子各种好习惯的开端，那么中年级则像一个激活孩子的按钮，它可以让孩子的习惯更好地发展，也可以让孩子的能力在中年级里有更进一步的提升。

从中年级开始，学生开始进入少年期，此时会出现一种强烈要求独立和摆脱成人控制的欲望，因此会有明显的独立意识。同时，随着年龄的增长，他们对外部控制的依赖性逐渐减少，但是内部的自控能力又尚未发展起来，还不能有效地调节和控制自己的日常行为。因此，根据孩子的年龄及心理特点，我们应该有意识地去引导孩子，有的放矢，要尊重孩子独立的人格特征，也要给孩子们适当的独立时间和空间，让孩子们沿着独立、开放的道路前进、成长。

那么，中年级的孩子可以培养哪些能力呢？我从多年的教学实践中归纳了以下四点。

一、孩子的独立能力，是孩子成长的奠基石

在优越的生活环境下，大多数孩子都存在一个共性：以自我为中心，习惯依赖。在和家长谈到这些问题的时候，家长也会说："孩

子还在成长的过程中，我们如果不去帮助他，他要是处理不了，心里失落了怎么办？"虽然，家长的顾虑有一定的道理，但是，我们依旧要明确一点：中年级的孩子，正处于低年级向高年级的过渡期，这个阶段孩子是否能够养成独立解决问题的能力，关乎着孩子今后的学习生活是一帆风顺还是挫折重重。孩子年龄虽小，但这不能成为不对其进行各项能力培养的借口。在培养孩子的过程中，有些技巧问题还是需要特别注意。

（一）不要太多干预

中年段的孩子已经表现出了一定的自我独立意向，想要自己独立去做一些事情。这个时候家长就要把握好尺度，可以给出自己的建议或分析，但不要太多的干预，以免导致孩子想要独立的愿望落空，间接地阻碍了孩子独立能力的培养。

举一个具体的例子：

> 有一个学生家住在学校附近，有一次，孩子提出想自己上学、放学。但是，孩子的母亲对她特别不放心，说路上非常不安全，有车又有坏人。女孩不相信，有一天早晨女孩早早出门，自己从家走到学校，一切都很顺利，正在沾沾自喜中，她的妈妈冲到学校把她臭骂一顿，说她现在都不听大人的话了，想自己跑出去了，女孩哇哇大哭起来，从那以后，孩子对什么事情都提不起劲头，独立和交往能力也是越来越差……

第二章 七色花开——陪伴孩子平稳进入四年级

在教学过程中，我也遇到过这样的事情：

有一次，两名学生在午读的时候为争一本书发生纠纷，互不相让。一名女孩说："书是我先拿的，我就应该先看。"另一女孩说："我也想看，如果给你看，我就看不了了。"这时，我没有着急去插手，而是假装在旁边做其他的事情，我偷偷观察了一下她们，虽然一直在争执，但是，过了一会，有一个女生提出了一个很好的方案："咱们一起看吧，我讲给你听听。"于是，矛盾也迎刃而解了。

类似的事情还有很多，我想，如果是成年人来解决这样的问题，我们是否也可以达到这样一个和谐的结局呢？我想，如果我们插手太多，孩子们也会失去一个独立解决问题的机会。很多时候，我们不应该低估孩子的能力。放手让孩子们自己去讨论，自己去做，对于孩子们而言，既是能力的培养，又是成长经验的积累和丰富。

（二）启发孩子自己动脑筋独立思考

著名的儿童教育家陈鹤琴先生说过："凡是儿童自己能够想的，应当让他自己想。"家长遵循这样的原则教育孩子，就能培养其独立思考的能力。

好奇好问是孩子的天性，对待他们所提出的问题，家长应启发孩子们自己动脑筋去想，去寻求答案。

举一个具体的例子：

有一次，我组织孩子们进行科学活动"认识空气"，一个孩子问我："玻璃瓶里有空气吗？"我没有直接回答，而是把玻璃瓶放进水盆中，孩子们惊奇地发现一个个小泡从玻璃瓶中冒出，便纷纷说："有气泡，有气泡。"这样，他们自己就得到了答案，显得非常兴奋。

当孩子试着自己独立思考并从思考的过程中取得一定成就时，孩子的积极性就会随之大涨，更加积极主动地去开动脑筋，思考问题。

然而事实上，很多家长在教育孩子的过程中，并没有意识到这一点。孩子碰到问题了，家长比孩子还要着急，往往就迫不及待地告诉孩子答案。

我在教育孩子的过程中，是这样做的：

有个孩子刚上三年级的时候，充满了探知世界的欲望。有一天，孩子问："老师，一个烟袋怎么都可以成文物了呢？"面对孩子的发问，我都会装出一副我也不懂的样子，然后说："你可以回家查查，明天我们在班级里和其他同学分享一下。"我想，孩子在查阅的过程中，孩子的好奇心得到了满足，也就越来越愿意开动脑筋思考了。久而久之，孩子独立思考问题的能力得到了极大的提高！

想要培养孩子独立思考能力的家长，不妨借鉴一下这个方法，再适时地让孩子去借助一些相关的工具书，满足自己的好奇心，相信孩子在自我探索的过程中，就会慢慢形成独立思考的能力。

二、良好的社交能力，让孩子更富竞争力

社交能力，作为一项基本的社会生存技能，其重要性自然是不言而喻。然而，在实际生活中，很多家长都认为孩子小的时候不善言谈，不会交往没有关系，等孩子长大一些，自然而然就会好起来。其实，这种观点是非常错误的。我们可以试想一下：如果孩子一直都不习惯和人交往，怎么可能会自然而然地就顺利地和人交往起来？所以，作为家长，当你的孩子出现交往能力不足的时候，你所要做的不是帮助孩子寻找逃避与人交往的借口，而是要给孩子创造一些与人交往的条件，培养他与人交往的能力。

关于这一点，一位聪明的家长是这样做的：

像大多数孩子一样，我的孩子也存在与人交往方面的不足。意识到这一点，我开始有意识地培养孩子与人交往的能力。儿子不好动，平时总喜欢待在家里，我就有意识地指使他出去走走，比如，帮我买盐、酱油等一些生活用品。慢慢地，孩子和别人的交流就变得自然了。有的时候，

我还会故意说："超市的阿姨夸你懂事，都知道帮助家人买东西了。"儿子听说人家夸他，心里别提多高兴呢。

这位妈妈的做法就很值得大家学习一下。在日常生活中为孩子创造一些与人交往的条件，孩子在逐步与人接触的过程中，也就能够慢慢摸索出一些交际的技巧。就像例子中的孩子一样，当他和超市的阿姨熟悉以后，也就不再拘束，和人谈话也就自然得多了。孩子慢慢习惯和人交谈，其交往能力也就会随之慢慢增强。

那么，在实际生活中，家长除了为孩子创造条件培养孩子交往能力之外，还有哪些好方法呢？

（一）可以让孩子当小主人

在一次家长交流会上，一位妈妈这样说起自己培养孩子交往能力的经验：

女儿萱萱内向、怕生，家中来客人的时候，她总是往我身后躲。前段时间，朋友来我家做客，女儿一见朋友进门，就想往自己的小屋里躲。我装作没有看出她的意图，一边给朋友倒茶，一边叫住她说："萱萱，帮阿姨拿东西吃啊！"女儿犹豫了一下，这才给朋友拿瓜子和糖吃。朋友接过女儿拿过来的东西，夸奖道："萱萱真乖！"女儿听了朋友的夸奖脸涨得红彤彤的，不过我能看出来她很高兴。我继续装作没有看出女儿不自在的样子，拍着她的小脑袋道：

"萱萱真是妈妈的好宝贝儿,去把电视给阿姨打开。"女儿应了一声,痛痛快快地跑到电视机前,打开了电视。望着女儿已没有了刚才那份拘谨,我满意地笑了笑。从那以后,我经常有意无意地让女儿加入我的待客队伍,久而久之,本来不善和人打交道的女儿,也慢慢变得乐于交际起来。

孩子意识到自己在待客过程中也必不可少的时候,心里就会滋生一种主人翁精神,就会觉得自己应该为客人做些什么,主动参与到家长的待客过程中。这个时候,家长要注意,千万不要因为种种顾忌:怕孩子做不好、怕孩子不懂规矩、怕孩子耽误学习,而不让孩子去做这个工作。一次、两次看不出效果,但时间长了,家长就会发现孩子不仅能够大方得体地帮助你招待客人,而且还可能变得越来越开朗,越来越懂礼貌、好交际。

(二)择友的标准应该广泛

作为家长,应该注意引导孩子去发现别人的长处,学会和不同类型的孩子交朋友,在相处的过程中,怀着一颗谦虚友爱的心去和人相处,这样,孩子的交际能力一定会慢慢提升。

三、良好的表达能力,让孩子更自信

教育研究表明,判断孩子智力发展的水平如何,语言表达能力是一个重要的指标。语言表达流畅、敏捷、精确,一方面是孩子现有思维能力的反映,同时又对孩子大脑发育具有良好的促进作用。

生活中，家长们可以尝试以下的方法培养孩子的语言表达能力。

(一) 用游戏锻炼孩子的语言表达能力

我曾教过这样一个学生：在一、二年级的时候，他的语言表达能力一直不怎么样，当升三年级之后，他却有了突飞猛进的发展，不仅回答问题条理分明，叙述事情也是非常清楚明白。

这个孩子为什么会有这么大的进步呢？怀着这样的疑问，我走进了他的家庭。在与孩子的父母聊天过程中，我找到了答案，原来孩子的父母发现孩子表达能力不强之后，在日常生活中就开始注意为孩子创造一些表达的机会，比如，他们常和孩子做这样一个游戏：看谁说得快。妈妈做考官，爸爸和孩子"同台竞技"。妈妈拿出两张卡片，一张画着鸭子，一张画着老鹰，请爸爸和孩子看清楚卡片上画着什么。妈妈问："鸭子会游泳，老鹰——"爸爸迅速回答："老鹰会飞。"这样，孩子明白了游戏的规则。游戏继续进行，妈妈问："苹果是绿色的，香蕉是——"请孩子接答："香蕉是黄色的。"爸爸与孩子以竞争的形式参与游戏，可以培养孩子在时间压力下的迅速反应、准确表达的能力。

中年级的孩子，理性思维已经得到了一定的发展，并且具有了一定的自我、自尊意识，当家长在跟他做这种竞赛类的游戏时，孩子为了赢得胜利往往就会非常积极地思考、组织语言，随着孩子思考得多了，组织语言的能力就会有一个质的飞跃。孩子的语言表达能力得到提升之后，在与人交往的时候，他就能自信地回答别人的问题或者阐述自己的观点，清楚明白地展现自己的思想和见解。

(二) 尊重孩子的表达欲望

孩子总是会对周围很多事物充满好奇，会向家长提出各种各样的问题，如果家长厌烦孩子提问，马虎、含糊、答非所问、回避，甚至拒绝回答孩子的问题，这对孩子的求知欲将是一个重大的打击，长此以往，孩子对周围事物不再感兴趣，就会少说话少发问，语言表达能力不强也就在情理之中了。有的家长也许会问："既然孩子不善表达是因为小时候家长的不注意引起的，那么在孩子中年级的时候，还能不能挽救呢？"

其实，家长如果能学会启发和鼓励孩子提出问题，培养孩子表力能力还是不晚的。

孩子在提问的时候，可能意识不到自己的问题是肤浅幼稚的还是高深莫测的，这时家长对待孩子所提问题的态度是重视的还是不以为意的，对孩子能否保持一颗好奇的心有着很大的影响。

所以，在日常生活中，家长就应该正确对待孩子的问题，鼓励孩子发问，久而久之，孩子就能清楚明白地提出问题，准确地表达自己的所思所想。

(三) 让孩子多与大自然接触，增长见识

在平时和孩子们相处的时候，我发现这样一个事实：但凡那些语言表达能力不强的孩子，多是那些词语匮乏、平时不太喜欢活动、不喜欢接触自然的孩子，而那些词汇丰富、亲近自然、见多识广的孩子则常常有说不完的话。

在我的教学经历中就有很多这样的例子：

在一次演讲比赛上，我给大家出了这样一个题目：《妈妈，我想对您说》。这本是一个自由发挥的题目，有的孩子一开口便滔滔不绝、口若悬河；有的孩子则是憋得面红耳赤，说不出几句连贯的话来。在比赛结束后，我曾找这两类孩子谈过话，探寻原因。演讲能力强的孩子这样说"平时假期的时候，爸爸妈妈就喜欢带我到大自然中玩，爸爸妈妈还会不时地问我：'你想说些什么？'"

演讲能力差的孩子这样说："爸爸妈妈总是说，学习才是我最需要重视的事情，爸爸妈妈也很少跟我沟通，也不知道我想说些什么。"

看到这两类孩子不同的描述，家长会不会有所反思呢？多和孩子沟通，多带孩子出去走走，孩子的内心丰富起来了，自然就会表达出来了。

四、自控能力——能管住自己的孩子才有好未来

孩子进入中年级后，我们会明显发现孩子的运动量变大了，加上学习压力的增大，难度的增加，孩子娱乐的时间变少了，在长时间的学习中，孩子会产生疲倦感，这时孩子就会想方设法宣泄自己的情感，容易变得浮躁，学习不踏实，成绩时好时坏、起伏大，不

容易静下心学习，写作业时不应该犯的错误变多，这些都表明孩子的自控能力欠缺。在这种情况下，孩子们就会寻找各种渠道来宣泄自己内心的压抑情绪。家长们若没有解读好孩子行为背后隐藏的内涵，很可能就会误解孩子的行为，从而在教育上走许多弯路。

对于孩子的自控力弱这种表现，一位资深的教育专家提出了一个观点：允许孩子延缓执行家长的要求。

人有惰性，家长也不例外，家长提出什么要求，就要孩子立刻去做，也是不太现实的。所以，家长若是想要孩子坚持做完某事，就要给孩子一个接受要求的延缓时间，当孩子意识到家长要求的事情必须要做到的时候，他就会自觉乖乖地去做了。

当然，有的时候家长也需要起到榜样示范的作用。若是家长自己做事都是随性而为，却要求孩子去控制自己的行为，显然是不现实的。

最后，还要提到的一点就是：耐心。教育研究发现，当孩子缺乏耐心的时候，多让孩子做一些锻炼意志力的训练常常会取得不错的效果，如画画、下棋等。孩子若能有耐心地坚持做完一件事之后，感受到了成功的喜悦，也就能够在做其他事情的时候努力坚持下去，在不知不觉中也会提高自控能力。

第三章

七色花开——陪伴孩子顺利升入初中一年级

第一节 悦纳孩子,用爱育人

曾 华

作为家长,孩子升入六年级之后,我们会逐渐地发现,孩子最大的变化就是——开始逆反啦!同样的一句话,别人说出来,孩子不置可否,可只要是自己的父母说的,他就坚定不移地选择说"不"。最令人困扰的是,哪怕是父母的嘘寒问暖,也换不回孩子的只言片语。莫非"叛逆"和"沉默"就是青春期孩子的一个必然"症状"?

看看周围的孩子,也有不尽然者,不断求教,不断学习,我们会赫然发现:与孩子建立良好的关系至关重要。只有当孩子认可你、信任你,切实感受到你对他的爱和善意的时候,才愿意与你分享喜怒哀乐，才愿意寻求你的帮助，接受你的建议。

陪伴青春期的孩子，就从悦纳孩子、建立良好的亲子关系开始吧！

一、问问自己对孩子的爱，足够多吗？

我也爱我的孩子。
可是，我却不如他爱我。

我的爱不如孩子多。
我心情不好的时候，会对他发脾气？甚至会避开他。
而他心情不好的时候，我却阻止他对我发脾气，我会批评他，
而他不但不讨厌我，还要想方设法讨好我。

我的爱不如孩子多。
当我累了的时候，我就想自己一个人待着，不允许他来打扰我。
而当他累的时候，我却还希望他不喊苦、不喊累，
而他即便不情愿，也努力去做。

我的爱不如孩子多。
我总喜欢对他指手画脚，做不到就大声喊叫，
还美其名曰"批评教育"。
而他不但不敢对我指手画脚，

还要努力克制自己的恐惧来讨好我。

我的爱不如孩子多。
我总喜欢用哄骗、恐吓的手段来让他做一些事情，
而他依然对我信任有加。
多少次对他说："我不理你了。"
而他的心从没离开过我，
连视线也没脱离过。
多少次把他推开，
而他依然抱着我的大腿。

孩子更爱我们，
是我们不懂得珍惜这份爱，
是我们在慢慢地把孩子从我们身边推开。
当你要对孩子生气的时候，
请你想想，
或许，我们的爱，真的不如孩子多。

二、孩子最不能接受的教育态度

成长中的孩子需要父母指导他如何生活、如何学习技能和积累经验，在接受教育的时候孩子很在乎父母的态度，因此，不同的态度决定着孩子对父母教育的接收程度。以下是孩子最不能接受的父

母的教育态度，看看你占了几条？

（一）居高临下

受传统观念影响，许多父母在面对孩子时，总表现出一种居高临下的气势。但事实上，父母和孩子在人格上应该是平等的，如果父母总以家长自居，即使他们的批评百分之百正确，孩子也会"口服心不服"。因此，专家建议：父母应蹲下来和孩子说话，这样大家的感觉都会很好。

（二）求全责备

当孩子画画、踢球或尝试整理房间时，如果父母总是苛刻地对孩子说"你还差得远呢"，就会有意、无意地伤害到他们的自尊心。时间长了，孩子就可能丧失自信和勇气。

（三）频频夸奖

别以为赏识教育就是要不停地夸奖孩子，其实赏识教育更大程度上是指理解孩子和鼓励孩子。过度地、无谓地夸奖只会使孩子骄傲自满，而且，听惯了父母夸大其词的赞扬后，他们在步入社会后很可能只能听进好话而听不进反面意见，人生可能因此而易遭挫折。

（四）过多限制

孩子眼中的世界不可能和父母眼中的世界两个样。父母过多的限制会让孩子感觉受到束缚，失去自由，这是孩子最反感的。

（五）关心过头

"今天谁来电话了？""日记上写了什么啊？"……对稍大点的孩

子来说，如果每件事情父母都要问个明白，就会让孩子感觉自己的世界一直受到父母的干扰，自己的生活空间被压缩，丧失了自由发展的机会，从而引起强烈的逆反心理。

（六）全盘否定

在批评孩子时，有些父母常会新账旧账一起算，"你总是撒谎""我们家里谁像你这样笨""我看你是没救了"等，这种"一竿子把人打死"的话非常容易引起孩子的逆反心理，甚至产生"破罐破摔"的思想。

（七）是非不分

"这孩子喝酒快赶上他老爸了。"这句话到底是在表扬孩子还是在批评孩子呢？孩子的理解中褒奖的成分或许会更多些吧！所以，父母在批评孩子时一定要就事论事，并且让孩子明白他错在何处。

（八）贬损他人

偶尔把自己的孩子和同龄小朋友做些横向比较是自然的，但如果只看到别家孩子的优点，自己孩子的自信将从何而来？

（九）事事代替

因为怕孩子做不好或心疼孩子，所以有些家长事事都不让孩子干，不让他们做决定。但对孩子来说，不经历失败，怎能从错误中学到东西。况且，孩子在将来终究要自己面对人生，如果现在没有培养孩子的各种能力，他将如何面对以后的挫折？如何自己把握将来？

（十）不做楷模

父母是孩子的第一任老师，教育离不开言传身教，没有身教，言传就无从谈起。所以，当孩子在某方面出现一些不恰当行为时，父母千万不要急于指责，而是要先想想自己在这方面做得怎么样。

三、陪伴孩子成长过程中的对与错

每个家长都希望成为孩子眼中的好父母，但多数被给予差评，那么，在陪伴孩子成长的过程中，家长到底什么可以做？什么不可以做？应该怎么做呢？为此，法国临床心理学家玛丽丝·瓦扬给出了她的建议。

（一）家长权威

问题：孩子不尊重你。

有两种主要的原因会导致这种结果：一是你对孩子放任自流，根本不管他，在他面前已经丧失威信；二是一旦你觉得孩子捅了大娄子，你就严惩不贷，严厉得近乎残酷无情，跟孩子很难真正沟通等。

建议：建立自己的权威。

作为父母，关键的平衡点就是你要把建立自己的权威当成一种责任。你可以每天晚上开一个家庭会议，每次讨论一个主题，如多久出门一次、学校的出勤率、学习情况等。每个人都说出自己的想法，提出建议或批评，最后由家长来综合意见做出决定。这样做可以防患于未然，避免出现权威危机。

（二）私密性

问题：孩子的任何事你都想知道。

你是不是把亲近等同于混乱？透明的父母，无所不在的父母，这两种情况都会导致同样的结果：孩子的私密权没有得到足够的保护。父母和孩子过于亲密，在孩子面前不避讳爱人之间的举动，缺乏情感和肢体上的适度羞怯等，这些都对孩子有害——孩子难以学会自制，内心埋下攻击性的种子，随即是一系列的情感和性问题的困扰。

建议：和孩子保持适当的距离。

首先就是要尊重孩子的个人空间。例如，要让孩子知道身体是属于他自己的。家长可以确定一些具体的标准，如孩子有必要拥有自己的空间（房间、玩具等），拥有自己的秘密，并且可以选择自己的衣服以及与谁做朋友。和孩子保持适当的距离，就必须要放弃想知道关于孩子一切的想法，也不要让孩子看到或听到关于成人生活的一切。

（三）父母之间的协调

问题：你和伴侣的意见很难统一。

你和伴侣是不是一对老较劲的家长？你们是根本上有分歧还是在责任分配上失去了平衡？无论怎样，父母首先是一个教育团队。当其中的一方承担了所有的责任，或是一方的意见总是被另一方否认，孩子就会在父母的冲突中达到自己的目的。你和伴侣之间的矛盾也会因此增多，权威丧失，而孩子不知道应该信赖谁。

建议：重新找回协调一致。

一个很好的家庭教育团队会定期一起讨论：我们想要一个什么样的家？在什么问题上我需要得到你的支持？这一切都是为了让双方意见一致并行动统一，以免自己在孩子面前大谈反对意见，或是指责对方。

四、建立良好亲子关系的三个妙方

（一）向孩子巧妙示弱

一是能增强孩子的荣誉感。在孩子的成长过程中，父母始终处于优势，孩子处于劣势，在孩子心目中，永远也不可能强过父母。如果在必要的时候，父母恰当地向孩子示弱，会让孩子有很强的荣誉感，觉得自己也很能干，增强孩子的自信心。

二是能增强孩子的成就感。当孩子解答了你提出的问题后，他就会有成就感。在成就感的影响下，孩子便有了优越感，有了自信心，有了处理问题的方法，这对孩子的一生影响很大。

三是能增强孩子的成人感。在孩子心目中，大人几乎是无所不能的，如果他连大人提出的问题都解答了，他自然会有成人感。于是，孩子一点点强大起来，再不是父母眼中的小不点了。

相信天下的父母都爱他们的孩子，但对孩子的爱得让孩子感受到，向孩子示弱就是一种，既融洽了亲子关系，又使亲子的距离拉近，最终走入孩子的心里。

（二）向孩子真诚道歉

父母做了错事，适时地向孩子道歉，对孩子说一句："对不起，请你原谅我好吗？"会让孩子感受到我们的真诚，缩短我们和孩子之间的距离，有利于改善家庭关系，增强父母的威信，同时也是在言传身教：错了就要承认和改正。

对孩子道歉不仅仅是对孩子的一种尊重，更是对自己的一种尊重，也是对自己的教育方式的尊重。只有让孩子的内心感觉到平等，孩子才能体会到尊重并学会尊重。

所以，为了孩子的健康成长，父母做错了事情也必须道歉。真诚道歉，赢得信任是教育最大的前提，营造和维系良好的亲子关系，让孩子信任你才是更好的教育方法。

（三）用尊重赢得尊重

要做到尊重孩子，家长首先要改变同孩子说话的口气，尤其是当孩子犯错误或有不正确的想法时，要把教导训斥的口气变为平等交流的口气，家长应心平气和地和孩子讨论他们的所作所为，引导他们认识错误。家长可以以这样的语气说话："我认为你是个好孩子，你这样做肯定有你的原因，那你说说看……"

其次，改变同孩子谈话的方式，要把居高临下批评教育的谈话方式变为协助讨论的谈话方式。尊重在孩子生命早期最重要的表现是让孩子说话，让他把话说完，不要用你的判断代替他的判断。

尊重孩子是为人父母的一个基本准则。家长像尊重领导、同事、朋友一样尊重孩子，才能赢得孩子对自己的尊重。

五、积极有效的亲子活动

和孩子一起做这些事情，可以帮助孩子提升自我价值，从而构建良好的亲子关系。

（1）随时随地地感恩，写感恩小纸条；

（2）做自己喜欢的事情，坚持 30 天不抱怨；

（3）看漫画、电视、电影，与家人开玩笑；

（4）聆听动听美妙的音乐，回避负面情绪的音乐；

（5）运动可以让血流通畅，使身体拥有健康活力；

（6）互相鼓励，每天坚持学习新东西；

（7）阅读内容积极、有激励作用的书籍；

（8）赞美你所看到、经历的美好的事物和人物；

（9）一起动手制作美食，或者分享健康食品；

（10）每个月改掉一个坏习惯，并将你的所有成就列出一张清单。

第二节　以身作则，行为子范

钟　静

作为过来人——曾经的小学生家长，经历了大多数家长都经历过的焦虑与煎熬，更曾经被青春猛地"撞"了一下腰，每一次的

"碰撞"之后便四下寻求"秘方"疗伤，一路走来感觉最为有效的"秘方"要数"改变"或者说是"转变"。其实，在孩子的成长过程中，我们要做的最多的是"陪伴"，在有限的"有效期的陪伴"中，我觉得作为家长最应该首先做到的是"转变观念"，否则，我们能做到"有效工作"简直微乎其微！

真正的家教是父母对自己的教育，然后言传身教，把正确观念传递给下一代，孩子能够做到：

（1）清晨上学能跟父母道别，满怀诚意地说再见；

（2）面对长辈的唠叨，耐心地、心平气和地解释；

（3）能体悟到父母辛苦，能贴心地说一声"辛苦了"；

（4）能感悟到老师的良苦用心，乐于接受批评；

（5）不冒犯别人，也不委屈自己；

（6）尊重他人，尊重自己。

一、认识孩子，放下自己

青春期是孩子性格变化最大的时期，这时候也是父母最头疼的时候。对于孩子来说，这并不是坏事，反而是一个好的开始。我们要放下自己，不要当孩子是自己的"私有财产"，必须接受现实。

如果孩子有超过以下五项的表现，只要引导得当，您的孩子就可以顺利步入准中学生的行列啦！

（一）自尊心增强

一旦自尊心受到威胁或伤害，就会产生强烈的不安、焦虑或愤怒，努力维护自身的形象，对于别人的嘲笑、蔑视反应强烈，对于旁人的忽视、压抑、不公平等都非常敏感。

（二）自我意识开始增强

对待事与物能做出自己的判断和见解，做出自我认识与评价。

（三）青春欲望渐渐萌发

由于生理上的转变，对性知识有了初步的认识，开始对异性产生交往欲望，常常表现出幼稚的感情冲动和短暂的不安状态，孤独、忧伤、激动、喜悦、愤怒微妙地交织在一起，组成一个强烈、动荡和不协调的情感世界。

（四）智力水平迅猛提高

对问题的精确性和概括性发展迅速，逐步从形象思维为转向抽象逻辑思维过渡。

（五）兴趣爱好日益广泛

求知欲与好奇心强烈，富有理想，热爱生活，积极向上，乐于参加各种创造性活动，对于竞争性、冒险性和趣味性的活动更是乐此不疲。

（六）群体意识日益增强

喜欢结交一些与自己志趣相同、年龄相仿的朋友，希望与自己相互理解，一起分享生活感受，对自己周围的人也能保持良好的关系。

（七）情意品质还不成熟

在挫折和失败面前，还是表现出迷茫和动摇，并产生悲观、畏难等消极情绪。青春期的孩子情绪深受自尊心的影响、自我意识迅速发展，有着强烈的自尊心，很爱面子。这有积极的一面，如要求自己在学习中不甘落后，也有消极的一面，如在生活中比穿戴、讲排场。

（八）厌学情绪渐渐滋生

一方面是基础差，导致学生成绩跟不上，产生消极情绪，另一方面是没有树立正确的学习观念，对学习产生过度焦虑，从而害怕、讨厌学习。

二、理念引领，做好家长

家长（zhǎng）应该转变成家长（cháng），要长于别人，要多一些专长和特长，要擅长服务。创造一个和睦的家庭，形成优良的家庭风气。带"长"的家长不是官，关键在于表率作用的发挥，最好能做到以下六点：

（1）家长与家庭成员之间，不要耳提面命地教训，而要潜移默化地感染；

（2）不是闷在各自肚里对峙，而是心平气和地沟通；

（3）不是赚钱多少的较量，而是力所能及的奉献；

（4）父亲要用自己的风度去教育孩子，给孩子一个空间；

（5）母亲在孩子面前要学会示"弱"，托举孩子使之内心自信而坚强；

（6）家庭教育重在养，一是心，二是情。

"养鱼重在养水，养树重在养根，养人重在养心。"一流的父母做榜样，二流的父母做教练，三流的父母做保姆！

聪明的父母争取学会以下十种方法：

（1）给孩子一个空间，让他/她自己往前走；

（2）给孩子一个时间，让他/她自己去安排；

（3）给孩子一个条件，让他/她自己去锻炼；

（4）给孩子一个问题，让他/她自己找答案；

（5）给孩子一个困难，让他/她自己去解决；

（6）给孩子一个机遇，让他/她自己去抓住；

（7）给孩子一个冲突，让他/她自己去讨论；

（8）给孩子一个对手，让他/她自己去竞争；

（9）给孩子一个权利，让他/她自己去选择；

（10）给孩子一个题目，让他/她自己去创造。

推荐书目：

（1）《给你所爱的人以自由》茅于轼

（2）《陪伴式成长，和孩子一起成为更好的自己》（美）苏珊·施蒂费尔曼

第三节 关爱孩子，健康先行

徐宇菁

六年级的孩子学习压力逐渐加大，有一个健康的身体是实施一切教育的前提条件。要想孩子注意身体健康，必须父母带头，做好引导、培养的工作。

一、科学饮食

小学六年级孩子开始进入青春发育期，全身各部分器官逐渐发育，代谢旺盛，又活泼好动，其活动量高于任何年龄阶段。这时期也是思维能力活跃、记忆力最强的时期，是长身体、长知识的重要时刻，所以此时的营养状况必须十分重视。

（1）注意营养均衡。小学生在日常饮食中要吃各种粮食、水果、蔬菜、鱼肉、蛋、奶等，不要偏食。

（2）多吃豆制品。豆类含有丰富的优质蛋白质，营养价值很高，既便宜，又容易消化。

（3）中小学生一日三餐定时定量，进餐时细嚼慢咽。早餐提供的能量应占全天总能量的25%~30%，午餐占30%~40%，晚餐占30%~35%为宜。午餐在一天中起着承上启下的作用，要吃饱吃好。晚餐要适量，以脂肪少、易消化的食物为主。

(4)每天少量多次、足量喝清洁的饮用水。11~17岁的青少年每天所需饮水量为1100~1400毫升,天气炎热或运动出汗较多,应增加饮水量。饮水时应少量多次。

二、保护视力

(一)改善学习、生活中的照明光线

说起眼睛,就离不开光线,影响视力的第一要素就是光线。多数情况下,视力下降和光线不佳有关。一般来说,光线不佳主要有三方面的原因:一是环境内的光线本身不合适(太亮或太暗);二是由于身体姿态不正确而挡住了光线,让本来合适的光线照到目标区域时变暗了;三是光线在变化(如早晚的阳光,多云天气或阴/雨变化时的自然光)。平时一定要避免这些情况。

(二)端正用眼的姿势

学生通常都有较重的学习任务,还喜欢玩电脑、看电视,近距离用眼的时间比较长,因此要特别注意其姿势。

看书、电脑、电视时,身体应保持静止状态,坐姿端正。

看书时,书本离眼睛30厘米以上;光线最好从左前方照到书本,以避免写字时光线被右手挡住。

看电脑、电视时,视线应与屏幕在同一高度(即平视);眼睛与电脑屏的距离保持50厘米以上,眼睛与电视的距离大于荧光屏对角线长度的5倍。

（三）控制近距离用眼的持续时间

虽然学生的特点决定了其总体用眼时间会很长，但是，可以在学习或看电视、电脑期间保持一定的间隔休息时间。因为近距离用眼时，眼睛处在调节状态，长时间近距离用眼易导致眼睛的过度调节，诱发近视。所以，近距离用眼时，隔45~50分钟休息10~15分钟。休息时应远眺或活动一下。这个其实不难做到，每次用眼时，不妨设个闹钟定时。

（四）保持充足的睡眠和运动

学生处在成长期，适当安排一些运动，既能促进眼部血液循环，又可以放松眼部肌肉和神经，其对视力的保护作用是显而易见的。此外眼睛也需要深度的休息，那就是睡眠。

以上四条应该都不难做到，关键在于重视，特别是家长的重视。

三、科学运动

12岁的孩子正处在生长发育的关键时期，身体的可塑性强，为其打下一个良好的体质健康基础，不仅是他们在学生阶段完成学业并幸福地生活的需要，同时也是他们终身健康的需要。所以孩子要积极地参与锻炼，强身健体。

（一）有氧运动

游泳、慢跑、快步行走、滑冰、骑车、球类运动等有氧运动，通过大肌群参与有节律地反复运动，加速血液循环，促进新陈代谢和生长激素分泌。有氧运动最好每周 3~5 次，每次 30~60 分钟，每天不超过 2 小时，可分 2~3 次进行。

（二）弹跳运动

人体的高矮主要由下肢骨骼长短决定，跳绳、跳皮筋、蛙跳、纵跳摸高等弹跳运动可使下肢得到节律性的压力，充足的血液供应便会加速骨骼生长。弹跳运动以每天 1~3 次，每次 5~10 分钟为宜。

（三）伸展运动

引体向上、韵律操、太极拳、踢腿、压腿、芭蕾练习等伸展运动，可增加柔韧性，使身体变得更加轻松和灵活。配合前两种运动，每周进行 3~5 次。

六年级体质测试内容

体重指数（BMI）= 体重（单位：千克）/ 身高^2（单位：米）

等级	男生体重指数	女生体重指数
正常	14.7~21.8	14.2~20.8
低体重	≤14.6	≤14.1
超重	21.9~24.5	20.9~23.6
肥胖	≥24.6	≥23.7

等级	肺活量（毫升）		50 米跑（秒）		坐位体前屈（厘米）	
	男	女	男	女	男	女
优秀	3000~3200	2300~2500	8.4~8.2	8.4~8.2	14.0~16.6	17.5~19.9
良好	2500~2750	2100~2200	8.6~8.5	9.0~8.7	9.0~11.5	12.9~15.2

续表

等级	肺活量（毫升）		50米跑（秒）		坐位体前屈（厘米）	
	男	女	男	女	男	女
及格	1500~2400	1200~2010	10.6~8.8	11.0~9.2	~4.0~7.7	1.9~11.8
不及格	1050~1410	1050~1170	11.6~10.8	11.8~11.2	~9.0~5.0	~2.1~1.1

等级	1分钟跳绳（次）		一分钟仰卧起坐（次）		50米×8往返跑（分·秒）	
	男	女	男	女	男	女
优秀	147~157	152~166	45~51	45~49	1'36"~1'30"	1'43"~1'37"
良好	135~141	136~144	39~42	39~42	1'42"~1'39"	1'49"~1'46"
及格	65~128	66~129	19~37	19~37	2'12"~1'45"	2'19"~1'52"
不及格	50~62	51~63	9~17	9~17	2'28"~2'16"	2'39"~2'23"

第四节　热爱生命，安全至上

陈丽芬

在如今交通发达，世事纷扰的社会里，时时处处都存在安全隐患，因此，家长对孩子进行安全教育就显得尤为重要，特别是要教育孩子树立安全意识，加强安全防范，远离危险，学会求救、自救，减少事故的发生。

交友安全篇

一、正确处理同学之间的矛盾

对当事人而言，如果同学间发生了矛盾，首先要让孩子冷静下来，想一想矛盾发生的前因后果，看一看这里边有没有误会。具体有以下三点。

（一）学会心理换位

解决矛盾冲突的过程应本着"有理也要有礼"的原则，若自己是无理的一方的话，应该主动认错。

（二）用理智战胜情感的冲动

教育孩子和同学发生了争执时，学会自己退一步，这场争吵也许就能停止了。矛盾发展到僵持的时候，不妨通过正确的途径，寻求老师、家长、学校的帮助。

（三）心平气和地与其交谈

遏制矛盾进一步深化的处理办法就是静下心来交流，化"仇敌"为朋友。作为旁观者和知情人，应尽量对双方进行劝说、阻止，化解矛盾而不是激化矛盾。在劝说基础上，再通过有效的途径，及时地把事情告诉班主任，这样有利于事情早点得到妥善的处理与解决。

二、正确处理与异性之间的问题

小学六年级学生处于心理断乳期，友谊成为他们新的感情寄托，由于受社会上的不良影响，很多少男少女不易分清友谊和爱情的界限，常常不自觉地陷入早恋的烦恼之中。要正确处理与异性的交往问题，家长就要了解青春期性意识的几个特点：

好奇性：这一时期对性充满了兴趣和特殊的好奇，关注异性的情况，渴望了解性知识、两性的生理差异。

吸引性：对异性充满了好感，会用各种方法引起异性对自己的注意，设法接触异性。

闭锁性：与成人交流减少，与同龄同学交往增多。

羞涩性：既表现出对异性各种情况的浓厚兴趣，又表现出对异性特有的害羞、难为情。

差异性：不同的性别，表现出生理、心理、性格上有明显区别。

既然青少年在青春期性意识具有以上几种特点，那么，在青春期产生的对异性同学的好感，想与异性同学交往，都是正常的心理。

异性同学在交往过程中，家长应引导孩子遵循以下五个原则：

（1）培养健康的交往意识，淡化性别，广泛交往；

（2）积极参加集体活动，避免"一对一"单独接触；

（3）态度亲切友善，举止自然、落落大方，往来适度；

（4）男生要尊重女生，女生更要自尊、自爱和自强；

（5）避免产生误解，如发现误解苗头，要及时澄清。

三、一个值得重视的问题——怎样预防性骚扰

近年来，青少年受到性骚扰和性侵犯的事常有发生，给当事人特别是青少年造成难以愈合的心灵创伤。所以，有效的方法是，要教育孩子有自我保护的意识，当面临性骚扰或性侵犯时，或能沉着应对，或能主动反击，或能机警逃离，或能向成年人报告和呼救等，不让罪犯轻易得手。

（一）认识性骚扰

少女遭受性骚扰的事在国内外屡见不鲜，对少女进行性骚扰的人，常常是利用从属关系或相处环境实施的。对这类性骚扰如不及时有效排除，很可能发展为性侵害。

（二）积极行动，采取预防措施

即使面对性骚扰的现实侵害，也不要一味害怕，应当调动自己的全部智慧，审时度势，判断情况，思索对策，采取不同的对策和措施。

1. 明确态度，正告对方

女孩在第一次受到性骚扰时，就应当向对方明确表明态度，这种态度的表明方式，可以是无声的断然拒绝，也可以是有言在先，要求对方检点自己的行为。

2. 疏远关系，减少接触

当女孩发现有人不怀好意，有性骚扰行为时，应主动回避，尽

量疏远他，减少接触和交往。

3. 以智取胜，保护自己

女孩要警惕那些行为不端的成年男性的骚扰，一旦发现有异常，可及时报告有关部门和人员。

拒毒安全篇

在经济发展飞速的今天，毒品的流通也日益猖狂。有些小学生，因为交友不慎，也有可能沾染毒品。为避免这种情况出现，家长首先要让孩子养成良好的行为习惯。

一、不吸烟，不喝酒

吸烟、喝酒的不良行为往往是沾染毒品的第一步。所以，远离毒品，首先要从远离烟酒做起。

二、不涉足青少年不宜进入的场所

一些歌厅、舞厅、迪厅、酒吧、游戏厅等场所是一些毒品违法犯罪活动的多发地点，如果孩子涉足这些场所，就容易沾上不良习惯，甚至可能染上毒品。

三、慎重交友

"近朱者赤，近墨者黑。"一些青少年在交友中良莠不分，在所谓的哥们、姐们义气，虚荣心的驱使下，很容易沾染毒品。所以，交友时要慎重。交好友、益友，不交损友、滥友，千万不能盲目从众。

告诉孩子，当有人向你提供毒品的时候，应该这样做：

（1）直截了当法——坚定直接地拒绝引诱。

（2）金蝉脱壳法——根据不同情况找借口委婉拒绝。

（3）主动出击法——立刻提出反对意见。

（4）秘密报案法——寻找机会偷偷告诉你信任的人，或者秘密拨打110报警，民警叔叔会迅速给予帮助。

（5）及时告知师长法——当毒贩毒友逼你吸毒并威胁你时，一定不要被他们威吓住，要在第一时间告诉你的师长。

上网安全篇

伴随信息时代的脚步，越来越多的小学生开始接触电脑，涉足虚拟空间。如何引导孩子用好这一科技成果，扩大视野，增长学识，同时保护好他们的安全，给家庭的教育带来新的挑战。

针对小学生身心的发育情况，最重要的是教育他们增强自我保护意识和能力。

一、慎交网友

网络空间，虚拟是其特征。所以，在交友时，一定要告诉孩子：没有现实生活的接触，千万不能轻信对方。自己也不能随意把家庭和个人的姓名、照片、住址、电话及各种账号密码、收入情况等重要信息向外泄露，更不能轻易应约单独与未经接触、不能完全信任的网友会面。

二、忌沉迷游戏、长聊成瘾

家长一定要耐心、正确地引导，可以根据孩子的兴趣爱好，在内容、时间等方面既满足其需求，又有一定限度地"约法三章"，并坚持照办。

三、拒绝色情暴力诱惑

色情暴力，是家长应高度关注的网络问题。平时多注意孩子网上特别感兴趣的内容，上网的时间是否遵守约定，是否浏览不适合的色情、暴力等网站。家长一旦发现问题，绝不放任迁就，要及时与他们交流沟通，帮助教育。

四、设备的安全教育

孩子从一开始就应养成良好的上网习惯：不因猎奇或随意打开不熟悉的网页；收信时，如果来信者是陌生人，不要轻易打开，最好直接删除，以防电脑感染病毒。虚拟的网络空间，既有无穷的精彩，也隐匿了难料的陷阱。孩子们具备一定的自护意识与能力是非常重要的。只要他们从小具备了明辨是非善恶的能力，做到"害人之心不可有，防人之心不可无"，就能确保自身的安全。

校园安全篇

校园暴力是危及学生、破坏校园和谐的一大隐患。校园暴力的处理方法：

（1）遭遇校园暴力，应在学校、警方或家长的帮助下，制止暴力，决不能逆来顺受或以暴制暴。

（2）与不法行为做斗争一定要运用智慧，尽可能避免正面的直接搏斗。必要时尽量满足对方提出的要求，与此同时一定要记住对方的体貌特征，及时报警，或向老师、家长寻求帮助。

（3）当有同学约自己到较偏僻的地方去时，一定要坚决拒绝；当侵害到来时，一定要想办法逃脱，并积极寻求帮助。

（4）要增强法制意识，在侵害发生后，要能够勇敢站出来，用法律武器维护自己的正当权益。

第五节　树立理想，规划人生

蔡卫光

"我的孩子学习毫无动力，一写作业就无精打采，拖拖拉拉。当遇到一点点困难，他就马上求助，或者干脆直接放弃。现在物质奖励对他已经无效了，想跟他聊聊天，给他鼓鼓劲，他一句话顶回来：'知道了！这么啰唆，烦死人了！'我现在该怎么办？"

相信这是许多高年级家长的共同困惑。随着知识量的增多和知识难度的提高，孩子要为学习而付出的努力就会越来越多，而且几年下来，同班同学对彼此都知根知底，如果家长一味以成绩和排名来刺激孩子学习，孩子几番挣扎都没有任何改变，长年累月，学习对于孩子的挫败感可想而知。孩子看不到希望和方向，时间长了，就变成了厌学情绪。

面对这一系列的问题，标本兼治的办法就是帮助孩子树立远大的理想，规划清晰的人生道路，让理想成为驱动孩子前进的动力。

1953年，美国哈佛大学曾对当时的应届毕业生做过一次著名的"目标威力"实验。

更重要的是，这百分之三的学生，不仅财富远超他人，在事业成就、快乐及幸福程度上也高于其他人。这就是内驱力的强大！

如何帮助孩子树立远大的理想，规划人生道路？

一、在孩子的兴趣爱好中挖掘理想的种子

孩子对生活充满热情与憧憬，只要细心观察，耐心交流，总能挖掘到理想的种子。理想的种子一定要源自孩子的兴趣爱好，如飞机汽车、科学自然、运动艺术等都可以成为孩子的兴趣点，家长可以引导或者帮助其拔高，但绝对不可以越俎代庖，给孩子一个理想，否则，理想再美好，在孩子的心目中也是没有生命力的。

二、细心呵护种子，给予充足营养

家长在发现孩子的兴趣点后，要通过多种活动强化孩子的兴趣。建议家长陪伴孩子进行下面的活动。

（1）描绘追求梦想和实现梦想的光明前景，越具体生动越好。

（2）与孩子一起阅读相关的资料，详细了解与兴趣相关的各种知识。

（3）观看相关的影视资料，让孩子对兴趣爱好与发展前景有更直观的印象。

（4）参与相关的活动，如体验、参观、游学等活动，让孩子产生更高的追求，让孩子觉得有实现梦想的可能。

三、运用思维导图，明确前进方向

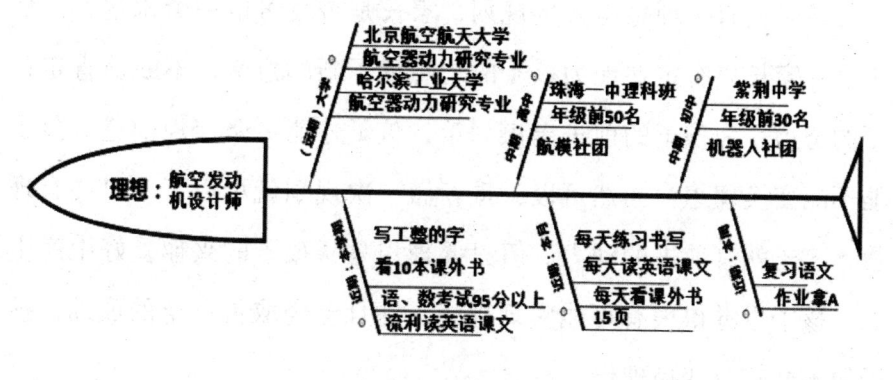

实现理想思维导图

为了帮孩子厘清思路，明确理想和前进方向，让理想更有可能实现，建议家长与孩子一起绘制"实现理想思维导图"，确定远期目标、中期目标和近期目标。

四、定期反思总结，凝聚前进动力

孩子可以把"实现理想思维导图"贴在自己的书桌前和家里的显眼处，让更多的亲朋好友知道孩子的理想规划，让身边的人都给予孩子正能量。孩子读书学习变得主动了，因为他知道，这不是为别人学习，而是为自己的理想学习，要实现大目标，就要先实现小目标；要实现理想，就必须刻苦学习。父母可以每个星期都与孩子定时召开家庭会议，听孩子总结过去一周的学习生活情况、遇到的各种困难。父母可以给孩子一些建议，为孩子解决困难提供方法，孩子也要根据父母的建议和自己的思考，修改近期目标。孩子就这样朝着自己的理想，一步一个脚印，不断前进。

孩子拥有了理想与人生规划，家长是否就可以一劳永逸？当然不是。家长只有定期地为孩子的理想赋予新的意义，不断地肯定孩子的努力，为孩子的前进出谋划策，孩子才能更坚定地前进。孩子能不能变换理想？当然可以，重新做一次规划就可以了。只要有理想，孩子就有前进的动力。但只要理想是从孩子的兴趣爱好中产生的，孩子也觉得很有可能实现理想，并且已经取得一定的成绩，孩子便不会随意变换理想。

第六节　重视方法，提高效率

黎　毅

要注意孩子的学习效率，家长帮助孩子完成从小学到初中的学习过渡，建议从下面六条入手。

1. 适应变化了的学习环境

初中不同于小学，突出表现为"三多"——课多、书多、老师多。不少孩子感到不习惯，对功课应接不暇。家长要引导孩子合理安排时间和精力，不要只重视班主任的课，而忽视其他科目。

2. 养成良好的学习习惯

让孩子形成科学的作息时间，专注地读书听课，勤学好问，独立钻研问题，养成自我检查的习惯等。

3. 学会科学的学习方法

中学的学习任务很重，学校已把学习方法指导列入教学内容，家长要积极配合。一般强调五个环节：①预习；②听课；③笔记；④复习；⑤作业。

4. 明确智力上要"三过渡"

初中一年级与小学高年级在智力培养上，既有衔接又有发展，要完成三个过渡：

在感知方式上，由以听觉型为主转变为以视觉型为主，重视观察能力的培养。

在记忆方式上，由以机械记忆为主转向以意义记忆为主。

在思维方式上，由形象思维向抽象思维过渡。要鼓励孩子学会独立地对学习材料进行综合判断、推理，发展思维能力。

5. 指导孩子养成良好的复习习惯

当天学的，及时复习；单元学的，整体复习；阶段学的，系统复习。

6. 排除孩子的学习困扰

有些孩子成绩下滑是有多种原因的，心理因素是其中的重要方面。遇到这种情况，家长可以和孩子仔细谈谈心，及时疏导不良情绪，帮助孩子克服心理障碍。

给初一新生学习习惯的建议有如下六点：

（1）准备几个大试卷夹，将各科每次的考试试卷分类按顺序放在不同的夹子中（初中的测试会比小学多），建议学校的卷子与课外班的卷子分开放，这样非常便于复习，也可以纵向观察自己成绩的变化。

（2）准备好一个笔记本（纸质的），初一数学概念多，细节多，一定要做好笔记，尤其是老师补充的精彩题目，有可能就是考试题，好记性不如烂笔头，记下它，一个学期下来，你会有意想不到的收获。一年下来，你就积累了一笔财富，三年下来，你就可以出一本顶级的数学复习资料了！

（3）准备好一个错题本，将每次作业和考试的错题及时在错题本上重新做一遍,"不断纠正错误是进步的源泉",一定要坚持下去。

（4）不要使用涂改带、涂改液,理由是：

①对身体不好；

②期中、期末考试不让使用,中考当然不让带进考场；

③要力争"下笔皆正确",谨慎而稳重,若有错误,用笔划掉,这样可以清楚地看到自己的错误,有警示的作用。

（5）努力克服"小马虎",马虎害人不浅,问问即将中考的初三学生便知,怎么克服呢？

①做题时精力高度集中；

②心中有"下笔皆正确"的信念；

③及时检查。

（6）培养超强的计算能力,初一代数内容多,计算是关键,当然,好的计算能力是学好数学的奠基石,学完十次课之后,建议每天做一道计算题（包括有理数四则运算、整式加减、解一元一次方程）,"千里之行始于足下",一步步提高计算速度和准确性,到了初三,你的优势无人能及。

以上六大习惯,重在坚持,只要能坚持一个学期,就能坚持三年,坚持三年相信一定能受益终身。

附：如何让孩子养成良好的学习习惯？

家长朋友们,孩子已经进入六年级了,您是否为孩子在学习时精力不集中,边学边玩而深为烦恼？您是否为孩子不能独立完成作业，不加思考，一不会就问而深感头疼？您是否工作劳累了一天，还得辅导监督甚至陪读，失掉了自己休息放松和发展兴趣爱好的时间而"大为不快"呢？为什么？这主要是因为您的孩子没有养成良好的学习习惯。

何谓习惯？习惯是一种重复性的、通常为无意识的日常行为规律。行为的不断重复即变为习惯，习惯的力量是巨大的，习惯养成性格，性格决定命运。学习习惯，就是表现在学习方面的重复性，经常为无意识的日常学习行为规律。例如，在学习语文时，总是喜欢放一本字典或词典在案头，以备不时查用，就是良好的学习习惯。

众所周知，当今社会是信息高速发展的时代，那么，能够得心应手地处理和使用信息，是适应现代社会生活应有的个人素质。信息的高速发展，将我们带入了知识经济时代，知识经济决定了个人必须具备丰富的知识，才能更好地应对现代社会生活，而丰富知识的获得，需要个人高效地学习，能否进行高效地学习知识，成了提高个人素质的重要因素。学习效率的提高，纵然有很多因素的作用，但很大程度上依赖于良好的学习习惯。那么，良好的学习习惯有哪些以及如何养成良好的学习习惯呢？

第一，良好的学习习惯主要包括：

（1）学习时精力集中，专心致志，不做小动作，不边学边玩；

（2）独立完成作业，知难而进，乐于思考，自己动手查阅资料解决难题；

（3）热爱学习，乐于学习，主动学习，不是被逼着被动地甚至委屈地学习；

（4）具有自觉学习的态度，自律性强，不用家长"陪读"，不过分贪玩。

第二，要调查研究自己的孩子究竟有哪些不良学习习惯，做到心中有数，根据儿童时期的身心特点，并清楚其中的原因，然后分析找准培养孩子良好学习习惯的起点。一般要先选择较易纠正的、细小的不良习惯入手。例如，针对孩子的学习畏难情绪和懒惰习惯，鼓励孩子自己动脑动手完成遇到的难题，可以指导孩子查阅相关资料，而不要一味指责孩子蠢笨，甚至以"笨蛋""蠢猪"等劣词评价，这会更增加孩子的厌学情绪；也不要嫌麻烦将现成答案直接告诉孩子，这会助长孩子的依赖性；孩子解决问题后，要适时表扬，让孩子尝到成功的喜悦。并可以结合日常生活习惯的培养加以辅助，孩子能够自己做到的事情，父母不要因为溺爱和嫌弃孩子做事差劲而包办，进而引导到孩子的学习当中去，潜移默化，久而久之，形成习惯。例如，家长可以有意识地要求孩子，每天料理力所能及的个人卫生，锻炼孩子的耐性，克服惰性，形成勤劳的性格。解决不了的，看看如果经过家长指导，是否能解决，尽量让孩子自己做，鼓励孩子克服畏难情绪，培养孩子的独立意识和独立能力，甚至培养孩子的创新意识和创新能力。

第三，家长要根据孩子的不良学习习惯总量和意图以及要达到的良好学习习惯的目标，制订一个纠正不良习惯和培养良好习惯的计划。制订计划，首先要注意切实可行，目标不能过高，措施要符合儿童的身心特点；其次要注意循序渐进，具有梯度性，由易到难，由低到高。例如，要纠正孩子的学习精力不集中的不良习惯，可以先让孩子集中学习15分钟，进而25分钟、35分钟、45分钟，但要注意不能过长，否则不符合儿童时期的身心特点，也不利于孩子的身心健康，并可以拿一个钟表放在桌旁以警示，孩子能做到的话，要加以表扬，甚至给以物质奖励，让孩子充分感到成功的喜悦，激发孩子的努力，让孩子自愿去做，变被动为主动，形成良好习惯。

第四，家长要建立和健全监督机制，完善奖励和惩罚措施。良好习惯的养成是一个长期的过程，绝非一朝一夕之易事，也非完全自觉自发的事情，需要长期的磨炼，对于自制力很差的孩子来讲，更需要家长长期有力地监督促进。行为的履行与否，很大程度上有赖于对行为的奖励激励和惩罚警示，因此，对孩子良好习惯的培养，需给以适当的奖励和惩罚，当然从量上讲，奖要大于罚，以奖为主，但"没有惩罚的教育，不是完美的教育"。只是要注意惩罚在程度上、措施上、方式上的适当性，达到警示作用即可。例如，孩子因为及时、认真、自觉地完成家庭作业，最起码给予精神上的表扬，以至物质上的奖励。如果相反，则要给予批评教育，指出错误，必须加以改正，并坚决监督完成。

第五，家长要注意家庭教育和学校教育相协调，因为孩子的大部分学习时间是在学校里度过的，是在和老师与同学的相处中成长的，要和老师多联系与沟通，及时了解孩子在校表现，发现不对劲的情况，帮助孩子及时解决，尽量做到家庭教育和学校教育相一致，以免孩子因为家长与学校的不同而无所适从，也避免孩子形成不良的两面性格。可以经常和孩子谈话与交流，不要忙得将孩子扔在一边不管，了解孩子对同学、老师和学校的评价，从侧面了解孩子的发展情况，有利于督促孩子养成良好的学习习惯，快乐、健康地成长。

第四章

七色花开——陪伴孩子幸福提升"劳动力"

张怀志

2018年9月10日,习近平总书记在全国教育大会上号召,要在学生中弘扬劳动精神,教育引导学生崇尚劳动、尊重劳动,懂得劳动最光荣、劳动最崇高、劳动最伟大、劳动最美丽的道理,长大后能够辛勤劳动、诚实劳动、创造性劳动。由此,劳动教育成为教育工作者特别关注的内容。

珠海市香洲区第一小学有属于自己的"幸福生活"劳动教育课程总要求。

劳动教育是全面贯彻党的教育方针的基本要求,是实施素质教育的重要内容,是培育和践行社会主义核心价值观的有效途径。

"劳动是财富的源泉,也是幸福的源泉。人世间的美好梦想,只有通过诚实劳动才能实现;发展中的各种难题,只有通过诚实劳动才能破解;生命里的一切辉煌,只有通过诚实劳动才能铸就。"劳动创造美好生活,劳动开创精彩未来。

为了培养德智体美劳全面发展的社会主义建设者和接班人,补上劳动教育的短板，我校设置了"幸福生活"劳动教育课程，将从校内、校外两个方面开展劳动教育。大力加强劳动教育，全面构建劳动教育幸福生活课程，因地制宜组织开展家务劳动、校务劳动、农场劳动、志愿服务等多种形式的劳动实践活动。全体教职工和家长言传身教，孩子们主动承担力所能及的劳动任务，洗衣、做饭、扫地……在动手动脑中发展智慧，学会学习，学会创造，学会交往与合作，学会健康生活，形成阳光、自主、独立的个性品质，从而拥有获取幸福生活的能力。

一、"幸福生活"劳动教育系列课程———校内劳动内容

校内劳动是学生校园学习生活的重要组成部分，是学生学习劳动知识和技能，培育劳动情感、价值观的重要途径。

根据学校劳动教育的培养目标，我校对小学阶段各年级校内劳动内容进行了系统梳理，主要涵盖了与校内劳动相关的内务整理、值日保洁、学习习惯、生态文明（维护花草树木）、重要技能等方面内容。这些劳动要求侧重于引导学生积极参加校内劳动实践，强调在亲身劳动经历中习得劳动知识、学会劳动技能、培育劳动情感、提升劳动素养。

学校对校内劳动的建议按年级分层设置，逐级提升，高年级的内容可作为低年级的发展目标，而低年级的内容则是高年级必须包含的劳动目标内容，从而保障了劳动教育的持续性和有效性，为教师指导学生校内劳动提供了参考。

(一) 小学阶段一年级校内劳动要求

(1) 参与垃圾分类，纸张整平后回收。

(2) 懂得人离断电、节约用电，会开关灯、电扇。

(3) 能节约用水，取水适量不溢出，会关紧水龙头。

(4) 会整理抽屉，大书小书分类放，水杯、学具放下格。

(5) 会整理桌面，书本文具整齐放在左上角。

(6) 会人离椅靠，椅背物品挂整洁。

(7) 服从值日分工，知道值日时间，愿意和同伴合作完成值日工作。

(8) 保洁勤快，会主动捡一捡、扫一扫。

(9) 餐前会洗手，安静吃饭，餐后会将餐盘倒干净，餐盘摆放整齐，会清理自己的餐桌，叠好餐垫。

(10) 会按老师要求预习功课，会借阅和归还班级图书，整理书柜。

(11) 会做简单必要的课前准备和课后整理，会收发作业本。

(12) 按时完成课内作业，乐于回顾或描述学习生活。

(13) 会正确握拿扫把扫地，会用吸水海绵拖把。

(14) 会整理班级小阳台，挂好伞和抹布，放整齐扫把和畚斗。

(15) 会在垃圾桶上装垃圾袋，会打包垃圾，到指定地点倒垃圾。

(二) 小学阶段二年级校内劳动要求

(1) 垃圾分类投放，可回收物品会整理。

(2) 节约用电，做到人离断电，会开关电子白板等。

(3) 节约用水，洗拖把、抹布时有意识控制水量。

(4) 抽屉常整理，书本、学具分类摆放。

(5) 桌面整洁，物品摆放整齐、统一。

(6) 人离椅靠，桌椅摆成一条线。

(7) 服从值日分工，教室打扫得干净整洁。

(8) 保洁勤快，包干区"一扫两保洁"规范到位。

(9) 餐后回收端平餐盘，能轻声、整齐摆放。

(10) 自觉预习功课，会计划好明天的学习。

(11) 会规范做好课前准备和课后整理。

(12) 课内作业日日清，一天学习能复述。

(13) 会正确使用黑板擦擦黑板。

(14) 会用、会洗拖把、抹布。

(15) 会合作使用扫把和畚斗将垃圾清扫干净。

(三) 小学阶段三年级校内劳动要求

(1) 垃圾分类投放，会将可回收物品搬到指定回收站点。

(2) 节约用纸、用笔，会细心削铅笔、刨铅笔。

(3) 节约用水，洗拖把、抹布用水合理。

(4) 抽屉及时整理，分类摆放，整洁有序。

(5) 人离椅靠、桌椅成线，图书、工具分类摆放。

(6) 愿意分工合作完成教室内外板报、中队角的布置，爱护板报。

(7) 热心做好大队部值周工作，服从工作分配。

(8) 愿意承担厕所保洁，卫生工具摆放有序。

（9）午餐后，做好餐桌清理，泔水抬到指定回收点。

（10）主动预习功课，一周学习会计划。

（11）会做课堂笔记，会做个人劳动电子档案袋。

（12）当日作业当日清，单元学习能梳理。

（13）会正确使用抹布擦洗黑板，黑板表面清洁无尘。

（14）会用水桶、抹布、清洁球清除瓷砖或地面污渍。

（15）会双手配合用扫把和畚斗将垃圾清扫干净。

（16）维护校内花草树木，培土除杂草，浇水施肥。

（四）小学阶段四年级校内劳动要求

（1）垃圾分类投放，注重节俭，促进垃圾减量。

（2）爱惜纸张、笔墨，不随意丢弃可用文具。

（3）节约水电、洗涤用品，按需取用，降低污染。

（4）抽屉、书包整洁有序，无杂物。

（5）班内绿植会养护，室内物品有序放。

（6）体育课上衣物、器材摆放整齐。

（7）值日生工作细致高效，保持窗明几净。

（8）厕所卫生工作积极，会干脏活、累活。

（9）值周班工作认真，敢抓敢管会劝导。

（10）自觉预习、复习，每月学习会计划。

（11）会做笔记整理，会进行错题整理。

（12）功课、休闲会合理安排，课外作业不拖欠。

（13）会用计算机规范打字。

（14）会用绳带将可回收垃圾合理打包。

（15）会按卫生、安全要求帮同学打饭、分菜。

（16）维护校内花草树木，培土除杂草，浇水施肥。

（五）小学阶段五年级校内劳动要求

（1）垃圾分类投放，会编垃圾分类宣传小报。

（2）爱惜劳动工具，可修、可用工具不丢弃。

（3）节约水电，会二次用水或废物利用。

（4）抽屉及书包干净、清洁，资料讲义分类存放。

（5）自觉参加班级布置劳动，教室文化浓厚、有特色。

（6）坚持垃圾袋装化，畚斗、垃圾桶及时清理、常清洗，不留污渍。

（7）卫生工作细致，教室地面干净，无灰尘、无污渍。

（8）厕所卫生干净整洁，无积水、无异味。

（9）室外楼道、楼梯过道无污渍、无积水。

（10）会制订学科学习活动计划，做好课前认真预习，课后扎实复习。

（11）学习笔记有条理，学会分科整理"错题集"。

（12）会进行周、单元、月度学习小结或反思。

（13）会用抹布把指定的玻璃窗擦得干净明亮。

（14）知晓常用工具构造，会修理日常劳动工具。

（15）会使用马桶吸，疏通常见的管道堵塞。

（16）维护校内花草树木，培土除杂草，浇水施肥。

（六）小学阶段六年级校内劳动要求

（1）垃圾分类投放，会写垃圾分类叙事体验文章。

(2) 珍惜劳动成果，环境卫生会宣传、会保护。

(3) 劳动中讲究节能环保，会编节能方案。

(4) 学具、材料整理有方会分享，会指导低年级同伴。

(5) 班级布置会参与计划，积极提供内容，展示效果良好。

(6) 内务整理会评价，有学习榜样，向先进看齐。

(7) 值日工作会分工、会管理、听指挥。

(8) 厕所管理讲科学，不良现象会治理。

(9) 包干区管理科学，争创卫生包干示范岗、示范区。

(10) 科学安排课外学习时间，会制订学期学习计划。

(11) 学习笔记有条理，错题整理规范，及时温习。

(12) 结合学习实际，自觉开展阶段性反思，优化学习方法。

(13) 熟悉学校鲁班工坊的各种制作工具，会操作。

(14) 会用锤子钉钉子、拔钉子，会用螺丝刀起螺丝。

(15) 会管理班级和自己的劳动电子档案，资料丰富，分类合理，劳动经历和感悟具体翔实。

(16) 维护校内花草树木，培土除杂草，浇水施肥。

二、"幸福生活"劳动教育系列课程二——家务劳动内容

习近平总书记指出，办好教育事业，家庭、学校、政府、社会都有责任。家庭是人生的第一所学校，家长是孩子的第一任老师，要给孩子讲好"人生第一课"，帮助孩子扣好人生第一粒扣子。

根据学校劳动教育的培养目标，在广泛征集、收集，深入研究

的基础上，我校对小学阶段各年级家务劳动内容进行了系统梳理。推出"幸福生活"劳动教育课程之二——一至六年级家务劳动要求，指导全体教职工，尤其是家长积极开展劳动教育，引导孩子们在家务劳动中获取知识，掌握劳动技能，提高劳动素养。

学校对家务劳动的建议按年级分层设置，逐级提升，高年级的内容可作为低年级的发展目标，而低年级的内容则是高年级必须包含的劳动目标内容，从而保障了劳动教育的持续性和有效性，为家长指导学生家务劳动提供了参考。

（一）小学阶段一年级家务劳动要求

（1）在家能垃圾分类。

（2）学洗袜子、红领巾。

（3）学习用扫把扫地，会用畚斗。

（4）学习叠衣服、裤子、袜子等。

（5）饭前盛饭、摆碗筷。

（6）饭后收拾并擦干净桌子。

（7）学习剥豆。

（8）会洗水果。

（9）坚持每天自己背书包上下学。

（10）会整理自己的书包。

（11）会分类整理自己的玩具。

（12）学习制作水果拼盘。

（13）当客人来访时，学会泡茶招待客人。

(14）坚持每天自己洗漱，并会将洗手盆和地面上的水渍擦干。

(15）给父母或长辈做些表达孝心的事：捶捶背、剥水果吃等。

（二）小学阶段二年级家务劳动要求

(1) 会进行垃圾分类。

(2) 学习用拖把拖地，怎样才能拖得又快又干净。

(3) 学习清洗简单的小物品，如小黄帽、自己的小内裤等。

(4) 坚持饭前帮家人盛饭、摆碗筷。

(5) 坚持饭后收拾、擦桌子，并学习洗碗筷。

(6) 学会分辨蔬菜的好坏，剔除蔬菜中不能吃的部分。

(7) 会洗叶菜类及根茎花果类的蔬菜。

(8) 坚持自己的衣裤自己叠。

(9) 学会整理自己的书柜、书架。

(10) 学会叠被子，给父母或长辈做些表达孝心的事：把父母或长辈的被子叠方正整齐。

(11) 学习系鞋带。

(12) 学会淘米，并能用电饭煲烧出软硬适中的米饭。

(13) 种一盆花，并进行照料。

(14) 学会烧一个菜。

(15) 会用水果刀削水果的皮。

（三）小学阶段三年级家务劳动要求

(1) 用扫把扫地，会用簸斗。

（2）会用洗衣机洗衣服。

（3）会叠衣服、裤子、袜子等。

（4）饭前盛饭、摆碗筷。

（5）饭后收拾、擦桌子、洗碗筷。

（6）会洗自己的鞋子，帮家人擦皮鞋。

（7）会用水果刀削瓜类或水果的皮。

（8）会用针线缝扣子，会用削笔刀削铅笔。

（9）会打死结、活结、蝴蝶结等。

（10）用报纸或其他纸包装礼物。

（11）认识、洗切葱、姜、蒜。

（12）水果拼盘大请客。

（13）给父母或长辈做些表达孝心的事：洗头、洗脚等。

（14）会洗切叶菜类及根茎花果类的蔬菜。

（15）整理自己的书柜、书架。

（四）小学阶段四年级家务劳动要求

（1）坚持垃圾分类，并用行动影响家人。

（2）自己种植一种蔬菜。

（3）学习用针线缝扣子等。

（4）整理自己的衣橱衣物。

（5）坚持每周帮家人洗一次碗。

（6）自己养一种小动物。

（7）周末去挖野菜。

（8）坚持每月自己至少清洗一次衣物。

（9）用报纸等包装礼物。

（10）书架进行归类整理。

（11）独立上超市购物。

（12）熟练系鞋带。

（13）学会烧一种菜。

（14）独立当家一天。

（15）能自己洗头发。

（五）小学阶段五年级家务劳动要求

（1）家中进行垃圾分类。

（2）坚持每次用完卫生间后及时打扫卫生间。

（3）坚持每天帮家人盛饭，饭后一起收拾桌子。

（4）学会整理换季衣服。

（5）学习擦玻璃。

（6）坚持每天整理自己的书桌、书柜。

（7）照顾小弟弟、小妹妹。

（8）养一种小动物。

（9）学习将冰箱中的物品分类摆放。

（10）养护花草。

（11）坚持每周至少洗一次碗及清理灶台。

（12）学会两个凉拌菜。

（13）新学烧两个小炒。

(14）学会洗鱼。

(15）为家人准备一次早餐。

（六）小学阶段六年级家务劳动要求

(1）坚持进行垃圾分类。

(2）每周至少整理一次自己的衣橱。

(3）坚持每天清扫地面，坚持每次用完卫生间后及时清理。

(4）坚持每天帮家人盛饭，饭后一起收拾桌子。

(5）学习清理冰箱。

(6）坚持每天自己整理床铺，会自己换床单和被套。

(7）能根据衣物的材质和颜色进行分类清洗。

(8）能自己洗鞋。

(9）学习晾晒衣服。

(10）养护花草。

(11）能根据营养搭配需求，独立去菜市场买菜。

(12）每周为家人烹饪三菜一汤。

(13）学会四个凉拌菜。

(14）坚持每周至少洗一次碗，洗完碗后及时擦干灶台和厨房地面。

(15）管理家里一周的生活开支，并做数据分析，给出建议。

珠海市香洲区第一小学

2019 年 4 月 28 日

后记：夯实成长每一步

彭馨仪

汉语里有两个词语"积水成渊""积土成山"，是说成功在于点滴积累，深层次含义就是从量变到质变，通常用来劝勉一个人如何做学问。但是，从人的成长角度的另一面来看，也意味着成长路上出现问题不是一朝一夕之事，它同样有一个从量变到质变的过程。

有人说，小学有问题的孩子一定是0~6岁的幼儿园教育或家庭教育出了问题，中学有问题一定是小学的学校教育或家庭教育出了问题。这个并非言过其实。中外无数的教育学家和心理学家通过实验研究，证明人的道德、情感、智力等的发展是有阶段性的，就像大自然中万物都有既定的生长规律，春生夏长秋收冬藏，过了某个阶段就再难有成就，即便有也要付出比最初更多的努力和代价。

人在成长过程中每一个阶段都会面临一些麻烦和问题，如果逢山过山，逢海过海，及时把这些麻烦和问题处理好了，必然是有利于人的后续发展的。无数的实验和鲜活案例告诉我们，如果没能及时有效地清除这些成长中的绊脚石，它们会一直存在，不会随着年龄的成长自然消失，对人将来健康人格的形成极为不利，从而影响后来的生活质量甚至是生命质量。

比如，小学低段，是培养良好行为习惯和兴趣爱好的关键期。好习惯形成受益终身，坏习惯形成困扰终身，这个时候形成的习惯具有终身性。

小学中段，是孩子智力发展的高峰期，是孩子同性之间人际交往的关键期，也是"八九狗都嫌"的个性发展重要过渡时期。小学低段的孩子绝大多数对大人的话言听计从，但到了小学中段，随着人际交往和活动范围的扩大，以及知识技能积累的增多，孩子会慢慢变得有主见，对事情事物的判断没有那么依赖大人了。

小学高段，是个性发展的关键期，所以，五、六年级时的孩子显得不再那么听话，这时的他们已经开始有了鲜明的自我主张。同时，这个时期还是机械记忆向编码记忆能力形成的关键期。小学高段的孩子已经具备一定的理解和总结归纳能力，如果这个时候老师能有效地引导他们形成较强的记忆编码能力，将会对孩子以后的学习能力产生深远影响。

当然，孩子所有良好品质、健康人格和学习能力的形成，都是积水成渊、积土成山的实践，它是一个庞大繁复的系统工程，一个漫长艰辛的教育过程，一个全社会特别是家校通力合作的育人过程。

俗话说，三岁定八十。很多人都认同三岁看大，认可生命头三年对人一辈子的影响。在《老友记》中，由于钱德勒父母的婚姻并不幸福，导致钱德勒一直抵触并害怕婚姻。可以说，钱德勒童年时候的经历直接影响了他。这在好莱坞的超级英雄电影和现实生活中屡见不鲜，因为童年时候的不同经历和遭遇，导致了对人，对世界，对人生的不同态度。因此，作为小学教育工作者，我们更愿意把"生命头三年"的意象扩展到"生命头十二年"。小学整个阶段，毋庸置疑，也是孩子一生中非常重要的关键时期。所以，本书的编者们，一线小学教育工作者们，结合丰富的工作经验和教育个案，加上通俗易懂的理论总结，给小学家长们写下了这本《陪伴孩子幸福成长》，分年龄段分专题，从孩子成长的各个方面、各个维度、各个层面展开阐述，给小学家长们良好的建议和育儿策略。

孩子如果能顺利度过小学，到中学时，无论学习还是行为出问题的概率都会减少。因为大家都知道，人越小形成的品质就越根深蒂固，小学阶段形成的东西很难改变，种瓜得瓜，种豆得豆，种豆是不会得瓜的。

人的生命就像小树，需要精心浇灌、呵护才会茁壮成长。幼儿教育、小学教育、中学教育，以至大学教育都体现着教育发展的阶段性和延续性，每个阶段承担的任务不同，但对孩子人生成长的重要性是没有轻重之分的，每个阶段都是教育链条上的一个环节，每个阶段上的老师和家长都是承上启下的接力棒的传递者。作为老师，作为孩子成长的陪伴者和领路人，我们不可能做到尽善尽美，但我们必须全力以赴，为孩子的成长提供尽可能多的阳光雨露！

(珠海市香洲区第一小学　彭馨仪)